所有的遺憾，都是另一種成全

接受生命中的不

U0058774

徐竹 著

作者序

擁有接受不完美的勇氣，才能成就自己！

每一個人都希望追求理想，希望能有一個完美的人生，但「完美」這兩個字事實上並不存在。

就像我們常會覺得：「如果能這樣那樣，那就太完美了！」但是一旦真的實現你所想的，接下來你可能又有別的渴望，那個「完美」回過頭看已經不算完美了，因為你還有別的要求。過一陣子，你甚至會忘記那時對「完美」所下的定義。

這全都是因為人類的欲望是無止盡的，得到一個還會想要下一個，時不時地和他人比較，羨慕或嫉妒他人擁有的東西。

精神科權威陳俊欽曾說：「過低的自我評價與過高的自我期待，是完美主義的本質，也是現代人最大的焦慮來源。」有許多人有著求好心切的心理，總覺得自己應該做到最好，前方無人超越那才是「完美」。於是這種想拿第一的心態，呈現在我們對生活的態度上，無論功課、工作，甚至對伴侶、人際關係上的要求也希望達到「完美」，反而讓自己變得挑剔、過度注重細節，而顯得缺乏變通的彈性。

完美主義者因為要求過高，也可能讓自己變得脆弱而不堪一擊，別人眼中的小事在他們身上變成大事，因為經不起一個小小的失敗，如此一來，追求完美，反成了人生的致命傷。

這世界真的有「完美」這回事嗎？恐怕只是比較心態下的產物，讓我們忽略了許多更美好的事物。

當我們面對事情時，必須承認不是所有事情都會按照我們的計畫走，這並不代表我們應該放棄，而是應該於自在中盡力，盡力後就自在。

無論結果如何，我們如果能用開放、豁達的態度去看待，我們就能從中獲得其他的收穫。如果只想遮蓋那些不足之處，只會讓我們忙碌不堪，甚至得到反效果。我們可以要求自己做得更好，但也要同時尊重他人，不要把自己的標準強加於別人身上。

透過多聽、多觀察，我們會發現事物可以從多個角度去看待。有些缺陷也可能具有獨特的美感，每一次挫折也可以讓我們得到新的體悟，這才是對生命的熱愛，也是能夠豐富我們生活的源泉。

學會放下追求完美的心態，並且接受不完美的現實，用開放、豁達的態度去看待事情，才能真正享受生命，酸甜苦辣、喜怒哀樂，都是一場體驗。

目錄

CHAPTER 02

洞察你的缺點，不要想著變完美

CHAPTER 03

展現自己的優勢，做出獨創性

CHAPTER 04

可以看淡一切，但人生需要目標

CHAPTER 05 找出生命中的意義

叫醒自己，放過自己

CHAPTER 01

放下應該的你，擁抱真實的自己

在人生的每個階段，搞清楚自己要的是什麼。

——金鐘視后　柯佳嬿

1. 接受你本來的樣子，找到適合自己的風格和方向

你的時間有限，所以不要浪費時間活在別人的生活中。

——史蒂夫・賈伯斯（Steve Jobs）

記得年輕時，有一陣子「日系風」風靡，女孩們紛紛打扮成日本娃娃的模樣，穿上充滿蕾絲和流蘇的短上衣和蓬蓬裙。

當然，我也不例外，依樣畫葫蘆模仿這種風格，卻發現這樣的風格並不適合我。這些服飾不僅不舒適，而且讓我的身材比例看起來不協調，凸顯了我身上的缺陷——身材高大，屁股太大，肩膀太小……總之，這些服裝對我

來說就是一個災難。

流行趨勢一次次更迭，有時候流行的服飾適合我，有時候卻不適合，因為我的身材並不適合每一次的流行。最終，我明白了：那些適合我的服飾不一定是流行的，而是能夠突出我的優點，掩飾我的缺點的服飾。

同樣的道理也適用於個性特質上。每個人的性格不同，擅長和不擅長的領域也不同。盲目追求最熱門的行業和時尚，只會苦了自己，也越來越偏離本性……最終只能隨波逐流而無法擁有完整的人生。

例如，有些人在工作上追求事業的成功，而有些人追求家庭的圓滿。如果你是那種事業心強的人，卻早早投入家庭的話，很可能會感到不快樂。但有些人一生都將結婚視為自己的目標，願意為家庭奉獻並做出犧牲。這就是個人的選擇，沒有什麼好羨慕或遺憾的。

當你想要投身於某個流行的服飾、最夯的產業、最多人嚮往的工作時，不妨先問問自己：這真的適合我嗎？別被一時的高薪所誘惑，最後浪費了許多精力和時間才發現自己一事無成。同樣的，在挑選感情對象時，不要只看外表，只追求「正妹」、「高富帥」等標準，而是要考慮心靈上的溝通和個性上的契合。否則你可能會因為挑錯對象，而賠上一輩子。

因此，我們不應該試圖將一些世俗眼光下的成就套在自己身上，只是徒增生活中的條條框框而已。或許短期內能夠滿足他人的期望，或是自己的虛榮心，但回頭看時，你會發現自己一事無成。

我們總是逼著自己「做到最好」、「做到完美」，是想得到他人的回報、認可，還是自己內在的承認？仔細思考，或許我們拚盡全力爭取的，並不那麼至關重要。對於無關緊要的，就讓它得過且過吧。

別讓他人的期望或自己的虛榮心影響你的人生方向，那會是你最大的損失。相反地，要堅持自己真正的價值觀和夢想，才能達成真正的成功和滿足。

最後提醒：每個人都有自己的優點和缺點，沒有人是完美的。適合你的未必適合別人，如果你剛好適合現在潮流的尖端，恭喜你！如果沒有也沒關係，風水輪流轉，只要你持之以恆，誰說你不會有天能脫穎而出呢？

不要自我怨嘆或者嫉妒別人擁有的一切。每個人都能找到自己最擅長的領域，這才是我們最該珍惜的寶藏。好好發揮你的才華，自然可以走出一條屬於自己的路，成就令人羨慕的優勢。

及早認清自己的性格特點，找到適合自己的人生方向，並一步步朝著目標前進，這才是真正屬於你的人生。當你懂得發揮自身優點，自然而然就能增進自信，你的缺點也會被淡化。這點不僅是你自己會有所發現，身邊的人也會看到你的改變。

2. 過去累積現在的你

你現在的情況不能決定你可以去哪裡，它們只是決定你從哪裡開始。

——尼多．奎班（Nido Qubein）

每個人都有過去，其中有美好的回憶，也有讓人感到失落的時刻。在我們不斷前進的同時，別忘了偶爾停下腳步，回首過去，從中汲取人生的經驗與教訓，讓自己更加成熟與堅強。

過度沉溺於過去並不明智，特別是當我們感到沮喪脆弱的時候，往往會更容易想起過去不好的經歷，甚至會把現在的不如意歸咎於以前的失敗。那些曾犯下的錯誤已經成為過去的事實，我們無法搭乘時光機回到過去扭轉些什麼，我們唯有把握當下，以過去的經驗為鑑，避免再犯同樣的錯誤，才能讓自己不斷成長，走向更好的未來。

最愚蠢的行為就是拿過去的傷痛懲罰自己，讓自己陷入悲痛的泥淖中。這樣的行為不僅毫無意義，還會對我們的未來造成傷害，讓過去的失敗纏繞著我們，成為未來的枷鎖。這樣的生活還有什麼意義呢？

俗話說：人生不如意之事十常八九。人生在世，難免會遇到不順心的時候，若我們僅著眼於人生道路上這些大大小小的挫折與磨難，沮喪、失意的負面情緒將會不斷滋長，滲透到生活的每一個面向，吞噬我們的心靈，讓我們只能活在灰暗與怨嘆之中。若我們不能儘快走出這個陰影，讓這個傷害繼續影響我們的生活，那就是我們自己的問題，而不是任何人造成的。

成熟地面對傷害的方法，就是不苛求別人，不為難自己。

我曾經聽過一個令人印象深刻的演講故事。

哈佛大學的一位教授舉起一個裝滿水的杯子，然後問在場的聽眾：「你們猜這杯水有多重？」

聽眾們紛紛猜測著：「五十公克」、「一百公克」、「一百二十五公克」。

教授微笑著說：「我其實不知道它的具體重量，但我可以確定的是，拿著這個杯子的人不會感到累。」教授接著問道：「現在，我有個問題，如果我這樣拿著杯子幾分鐘，結果會怎麼樣呢？」

聽眾們回答道：「沒什麼影響。」

教授再次發問：「那好，如果我維持這個姿勢拿著杯子一個小時呢？」其中一位聽眾回答說：「胳膊可能會感到有點痠。」

教授點頭說：「非常正確。那如果一整天我都這樣拿著呢？」

另一位聽眾大膽地說道：「手臂肯定會變得麻木，甚至可能出現肌肉痙攣，到時候可能得去醫院看醫生。」

教授笑了笑，然後問道：「很好。在我拿著杯子的過程中，不論時間長短，杯子的重量發生了變化嗎？」

聽眾們一致回答：「沒有。」

教授接著問道：「那麼，為什麼拿杯子的手臂會感到痠痛呢？肌肉又為什麼會痙攣呢？」他稍作停頓後繼續說：「我不想讓手臂感到痠痛，也不想讓肌肉痙攣，那該怎麼辦呢？」

聽眾中的一個人回答道：「很簡單，把杯子放下就好了。」

「是的。」教授說道：「其實，生活中的問題有時就像我手裡的杯子。埋在心裡幾分鐘沒有關係。但如果長時間地想著它不放，它就可能侵蝕你的心。日積月累，你的精神可能會瀕於崩潰。那時你就什麼事也做不了了。」

你是否也一直舉著各種不同的杯子呢？盛滿了失敗的杯子、裝著挫折的杯子、充斥著懦弱的杯子……——許多盛滿了我們不如意過去的杯子。如果我們無法學會放下這些沉重的「杯子」，就無法輕鬆地面對生活的挑戰。放下並不意味著遺忘，而是我們學會更好地沉澱、豐富和完善自己。

過往的一點一滴造就了今天的我們，雖不可能完全不受影響，但我們能做的，是接受過去那個不完美的自己，把它當作一面鏡子，反思自己的成長和改變，這才是最實際的。

別把他人的錯誤當作懲罰自己的工具，也不要因為一時的失誤而讓懊悔縈繞終身。畢竟，時間不會因此停留，我們選擇的是積極面對或是消沉以對，對我們的未來都有決定性的影響。有時候，學會原諒自己過去的不成熟，放過自己，接納並轉變，才能讓你的人生變得更好，而不是沉溺在愁雲慘霧之中。

事情總有一體兩面。如果不是過去的不順遂，你又怎能成為現在更好的模樣？也正因為過去失敗的經驗，讓你更有智慧去面對類似的情況，避免悲劇再度降臨。失敗是人生的一部分，不是對個人的最終判決。

雖然很多人都說要向前看，但其實過去對於我們來說也是一種財富，它造就了現在的我們。即使是那些不堪回首的經歷、不想再提的傷痛，都教會我們很多，讓我們明白自己曾經犯下的錯誤，並從中學習。

暢銷書作家任康磊曾說過：「成功和失敗都會讓人成長，成功會讓人『長葉』，失敗會讓人『長根』。只有一件事不會讓人成長，那就是待在原地什麼也不做。」保留那些美好的回憶，虛心檢討過往的錯誤，不管是開創、或是修復，都是我們最寶貴的「資產」，它們能引領我們該朝哪個方向前進，並激勵我們為實現目標而奮鬥。在這個過程中，我們將會不斷地成長、學習和進步，並且把這些經歷和知識用於未來的挑戰中。因此，我們應該同時看向過去和未來，並將這些經驗和教訓轉化為自己前進的動力。

3.不要因為別人的評價而擊垮你的自信

任何時候，你都不能活在別人的想像裡，要活在自己的現實裡。

——性感女神 瑪麗蓮・夢露（Marilyn Monroe）

從小到大，我們都在試圖證明自己。

當別人稱讚我們聰明、漂亮時，就特別開心；當別人認同我們的成功、穿衣品味時，我們心裡會感到沾沾自喜；可當別人說我們愚蠢、醜又胖時，就非常生氣。

在意他人的評價是正常的，但不要過度。「有意識的接受評價使人進步，無意識的接受評價使人茫然，甚至是痛苦的」。我們不應該為了別人而活，也不應該為了達成別人的期望而生活。每個人都有自己的人生目標。如果因為別人的評價而打擊了自己的信心，改變了自己的人生方向，那麼你就是落入了那些刻意設計的圈套，成了別人的奴才，而不是自己人生道路上的主人。

前陣子瀏覽網路好文分享時時，發現了一篇吸引人的故事。

一艘遊輪遭遇海難，船上有對夫妻好不容易來到救生艇前。可救生艇上只剩一個位子，這時，男人把女人拉至身後，自己跳上了救生艇。

女人站在漸沉的大船上，向男人喊出了一句話……

講到這裡，老師問學生：「你們猜，女人喊出什麼話？」

學生們群情激憤，都說：「我恨你、我瞎了眼。」

這時，老師注意到有個學生一直未發言，於是請他回答。這位學生說：

「老師，我覺得女人會喊——照顧好我們的孩子！」

老師一驚，問：「你聽過這個故事？」

學生搖頭：「沒有，但我母親生病去世前，就是這麼對我父親說的！」

老師感慨道：「回答正確。」

輪船沉沒了，男人回到家鄉，獨自帶大女兒。

多年後，男人病故，女兒整理遺物時，發現了父親的日記。

原來，父親和母親乘坐遊輪時，母親已罹患了絕症，關鍵時刻，父親衝向了那唯一的生機，他在日記中寫道：「我多想和妳一起沉入海底，可是我不能。為了女兒，我只能讓妳一個人長眠在深深的海底。」

故事講完，教室裡沉默了。

我很喜歡導演吳念真曾說過的一句話：「人最大的毛病，就是常常喜歡用自己那可悲又有限的想法，去猜測一些自己根本不理解的事。」用以警惕自己不要用自己設定的那一套標準去看待事情。

我們不要輕易評價別人，因為我們沒有經歷過他的人生：我們也不要去設計、干預別人的人生，更要慎防活在別人故事裡，不要因為別人的貶低而輕易喪失自信。你必須了解到，有些人的評價根本不值得參考。真正在乎你的人不會不斷攻擊你的信心，而是給予扶持和鼓勵，在你跌倒時伸手拉你一把，而不是在你最脆弱的時候加重打擊。將信心建立在自己的價值和信念上，才能走出屬於自己的道路，實現真正的人生目標。

我們也要學著分辨哪些人是善意的建議，哪些是有惡意的情勒。當情緒勒索者在提出要求或建議時，通常會給人很大的壓力，他們慣常使用壓抑的話語強迫你，讓你心生內疚，不得不遵從他們的指示；或是產生不舒服的感覺，令你不知不覺陷入「受虐人格」的局面。在這種時候，學會說「不」是必要的。你不要馬上答應或拒絕，用「還要考慮一下」或者「還有其他事要忙」這類的話語讓自己暫停一下，給自己多一點思考的時間。

不要擔心得罪他人。一個只會對你造成傷害的人，你得罪對方也只是剛好而已。想一想，為什麼這些人能夠強迫你接受他們的標準？那不也是自己的軟弱所造成的嗎？

我們無須刻意攻擊他人，但保護自己是必要的。不要讓別人以為可以在你身上予取予求，或者為你貼上標籤。你的價值不是隨便一兩個人就能決定的，你值得被更好地對待。只有那些真正懂得尊重你的人，才值得成為你的良友。

遠離那些試圖傷害你的人，那些認為自己可以隨便操控他人，決定他人價值的人。遠離那些人後，你才能找回屬於自己的人生，重新認識自己，而且你會發現，只要你有足夠的實力，其實有很多人是肯定你的。

這並不是說我們不需要在意他人的評價，而是真正在意你的人，他們所提供的意見絕對不會含有攻擊或控制的惡意。他們所說的話，都是出於真心的建議和關懷，希望你變得更好。

珍惜那些懂得尊重和珍惜你的人。如果你遇到那些試圖貶低你的人，大可揮揮衣袖，不帶走一片雲彩，分手正是時候。

4. 找出自己的核心價值，追尋真正的自己

最美的旅程，是發現自己。

——格里高利．大衛．羅伯茲（Gregory David Roberts）

在這個資訊爆炸的時代，要真正了解自己、決定自己該往哪個方向前進變得越來越難。因為我們會聽到很多建議、輿論，告訴我們該怎麼做、該選擇哪條路。以至於不知不覺中，我們受到了影響，而做出自己都匪夷所思的決定。

就像一些購物節一樣，當商家推出超殺的折扣時，我們也會隨著人群湧

向商店，期待能撿到便宜。但往往忽略了折扣是否真的划算，以及那些商品是否真的是我們需要的。我們可能會想，既然便宜，買下來再說，但往往是擺著沒有用上或過期了。這樣做，不僅浪費了時間，也浪費了金錢。

在這個物質豐富的時代，人們被推向物質主義，不論是否適合自己，都希望透過擁有奢侈品來展現自己的價值。即使這些物品並不符合自己的風格和需求，只因為是「名牌」就花費巨資，這不過是為了贏得他人羨慕的眼神。但這真的是你所追求的嗎？

經典奢侈品牌Chanel的創始人香奈兒女士說：「你可以穿不起Chanel，但永遠別忘了那件叫『自我』的衣服。」你真的需要一個精品名牌包嗎？為了一時衝動，而買了經濟能力負擔不了的奢侈品，這是不明智的。當你追求物質享受的同時，可能正在失去自己。別忘了，真正讓你感到滿足的，不是那些外在的物質享受，而是內在的平靜和真正的價值觀。

每個人的財力不同，罔顧積蓄、盲目為消費主義的精緻買單，最終只會留下嚴重的後遺症。對於奢侈品說不心動是假的，只是我的夢想清單裡有更多比它重要的，因此我能清楚知道我只是為一時的心動買單？或是為了面子、為了讓別人看、怕跟不上潮流而買？或是單純的為了讓自己快樂、且我真的需要它而買。

不僅時尚，工作和感情的選擇也是如此。很多人認為，如果很擅長唸書，未來就應該當醫生，但真的能成為一個出色的醫生嗎？往往在實際工作後卻發現自己不適合，當一群人拚了命地想進入醫學院時，忽然發現科技產業又興盛了，於是又有一群人想當工程師，甚至一些人讀文組的都寧可放下身段去當作業員，因為薪水高於一般上班族好幾倍……。這種情況在資訊過度發達的現代更為普遍——由於各種潮流新知的資訊取得太過容易，所以往往會影響我們忍不住去追求眼前的利益，而失去了人生目標。我們可能會忘記自己的才能，強去貼近社會潮流，追求更高的經濟效益，卻因此迷失了自己。因此，在做出重要的決定前，要時常反思自己的價值觀和目標，才能選擇適合自己的路徑。

人類終究不是萬能，有些人擅長處理瑣事，卻缺乏管理大局的能力；有些人不容易分心，適合擔任專業的研究工作；甚至連服務業也是挑人做的，並不是所有人都具備面對奧客的抗壓性……你對自己的了解又有多少呢？

如果我們盲目的去選擇一個行業，或許短時間之內可以嚐到甜頭，但長期來說，自己依然會被不適性的行業所淘汰；硬撐的結果，只會引來更多的詬病，連帶自己也過得不快樂。

所謂的「價值」不應該全數以財物而論，而是因人而異，認清個人的本質是什麼。對你來說，什麼才是真正具有價值和意義的生活？而不是被虛有其表的外在所淹沒，活在別人的價值觀中，那麼你才能找到充實而自在的人生。

5. 堅定你的意志

真正的勇氣不是沒有恐懼，而是面對恐懼，持有堅定意志向前邁進。

——納爾遜．曼德拉（Nelson Mandela）

人生充滿著各式抉擇，有時候我們會因為外在的人事物——壓力、誘惑、恐懼或其他情緒的影響，而偏離自己的目標和價值觀，做出錯誤的決定。這些決定可能會對我們的人生產生深遠的影響，讓我們後悔莫及。我認為其中一個很大的因素是，意志力不夠堅定。意志力就像是我們行事、實現夢想的中心支柱，如果這根柱子的硬度不夠，又將如何支撐我們走得遠、走得久？意志力薄弱的人，必定無法堅持自己的原則和方向。

這一點可以從很多地方看得出來，例如你本來要去辦一件很重要的事，卻拗不過朋友熱情的一再邀約而出席聚會，結果一耽擱，時間就不知不覺過去了，以至於最重要的事沒有辦成，回到家後懊惱不已。

不要相信那些套人的話術！有些一旦你給了他們機會，他們不會輕易放過你。於是你不斷被人占用時間，對方只在乎自己，而你的重要事情對他們卻無關痛癢。這就像是街上遇到的業務員說辭一樣，如果你還傻傻相信「只需要幾分鐘」的話，那就表示你太輕信對方，被人牽著鼻子走卻毫不知情。我能保證，對方要耗掉你的不僅僅是幾分鐘，可能是一小時、兩小時，甚至整天。

除了時間的損失，還有那些企圖動搖你決定的人。不管對方居心為何，有時你認為聽取的意見，卻是別人強制灌輸在你身上的思想，讓你違背原本的意志，做出相反的決定，最後的結果、責任還是要由你來承擔。對方不會為你負責，所以為什麼要傻傻照著對方的意思走呢？

那些企圖動搖你決心的人最常見的說詞就是：「我已經告訴你該怎麼做了，如果你不照著我的話去做，以後你就不要來找我了，我可不想浪費我的好意！」甚至還要煽情地說：「我們連朋友都做不成了！」這種情況下，你更不應該聽從對方的話。

不可諱言的，當我們特別脆弱或處於矛盾心情時，最容易受他人影響。為了避免犯下無可挽回的錯誤，最好還是給自己獨處的空間和時間來冷靜思考，而不是任由他人操控。

如果你真的需要意見，也應該向那些可信任的人尋求幫助。有些人的話則可以不必太在意，甚至不要問也罷，以免受到負面影響。對於那些企圖影響你決策的人，你必須堅定自己的意志力，並且明確知道何時該轉身離開。不要因為害怕得罪人，而讓自己處於被人控制的地步。找一個理由，即使是最無厘頭的理由也沒關係，盡量讓自己脫離對方的「控制範圍」。即使後來這個謊言被揭穿了，也不要緊，因為重要的是讓自己脫身，而不是面對對方的難堪。

當然，我們知道做人最難的是應對人情包袱。通常，感情豐富，甚至善良的人最容易被影響，而最容易影響你的人往往是與你走得最近的人。但千萬別讓這些良好的本性成為生活上的阻礙。人情冷暖你應該是知道的。當你處於高峰時，你不想交朋友也很難。而當你墜落谷底時，就是曲終人散的時候。這時你最需要朋友，但環顧四周，留下的人有多少？

說「不」，雖然讓我們成為難搞、冷漠、無趣、無禮、自我、不友善等負面詞彙的代表，可若我們能因為「說不」而看清脆弱的人際關係，和道不同的朋友慢慢走散，其實也是一件好事。

我曾經在知名作家、電視節目主持人、文史學者、旅行家謝哲青的社群裡看過一個故事：

狄更斯曾經拒絕過一位朋友的邀約：

「『只要半小時！』『只要一下午！』『只要一個晚上！』人們一而再，再而三的對我這麼說……。但他們不知道，要讓一個全神貫注工作的人撥出五分鐘，根本是辦不到的。單單是想著這個邀約，就可能影響一整天。任何一位投身創作狀態的人都是全心全意，雖然在自我創作的地獄中掙扎，但是樂此不疲……如果，你因此質疑我不想與你見面，我很難過，但也無可奈何……，我必須堅持自己的道路。」

村上春樹曾說過：「不要太乖，不想做的事可以拒絕，做不到的事，不用勉強，不喜歡的話假裝沒有聽見，你的人生不是用來討好所有人，而是善待自己。」不要因為有負罪感而背離自己的方向。

把時間和精力都專注在自己身上，去愛自己，為自己感到驕傲吧。學習貝多芬絕對不向命運低頭的意志。

貝多芬年輕時，他的父親很強勢，希望貝多芬成為像他一樣的音樂家，追求名利和金錢。然而，貝多芬卻堅持著自己的意志和音樂理念，他相信音樂應該是一種藝術，而不是一種商業。他決定不再聽從父親的命令，並開始創作他自己的音樂。

這種堅持讓貝多芬在音樂界取得了崇高的成就，他被譽為是古典音樂的巨匠之一。他的作品包括《命運交響曲》、《月光奏鳴曲》等，至今仍被廣泛演奏和欣賞。

只有堅守你的信念和價值觀，不要輕易受他人的影響而改變，堅定地走自己的路，才不會容易被這些「牛鬼蛇神」輕易入侵，毀壞你的生活。

6.有些人不值得你浪費時間

在決策的關鍵時刻，當機立斷是創造歷史的關鍵。

——拉爾夫・W・索克曼（Ralph W. Sockman）

在我們的生命中，會遇到形形色色的人，其中有善良的人，也有邪惡的人。許多人我們在一開始時並不清楚他的性格，只有經過某些事件後才能真正看清楚：哪些人是真正的朋友，哪些人是不對的人。

當看清某人的真面目時，感覺挫折、沮喪在所難免，也不免會對人性感到失望，但這也教會了我們如何看待一個人，如何檢視一個人的真面目，更懂得趨吉避凶。

當你發現一個人的虛偽時，你還會繼續與對方交往嗎？你願意浪費自己寶貴的時間和精力在這樣的人身上嗎？可惜的是，答案往往事與願違。

我們常可見到或聽過，那些被欺騙、出軌、在一起很痛苦，處不來又離不開的感情，不僅感情如此，友誼也是，在我們身邊也都暗藏了一些有毒的朋友，你對他們掏心掏肺，他們卻傷害、打擊你，成了傷害你最深的朋友。

為什麼無法從不好的關係中脫身呢？因為深陷「魔咒」中的人會用許多理由來為自己的受害辯解，任由他人肆意妄為、得寸進尺。其實，那是因為你心裡住著一個「不夠好」的自己，認為自己因為不夠好，自然不配獲得他人對自己好。是因為你過於軟弱，寧可忍受痛苦，也不願走出舒適區。

該斷就斷，當作是止血

人們往往會回頭看、卻不會往前多看幾步。我們大多數人都念舊，也可能已習慣與某人相處，以為自己和對方有著許多珍貴的共同回憶，並抱持著那些珍貴的「舊情」，而不願面對眼前的問題。

有些朋友是你人生路上的良師益友，推動你前行，而有些朋友卻拖著你向深淵而去。

有些人變了就是變了，無論你做什麼努力都回不去，剩下的只有傷害，而有些人則是一直以來你都沒有看清楚他們的真面目。更有些人在一開始接近你時就有所企圖，他們的目的不是為了真心和你交朋友，而是看上了你的地位或財富。

這些另有所圖的人一開始會對你相當熱情，常常關心你、對你體貼入微，做些讓你非常感動的事，讓人訝異怎麼一個初識的人會有這麼一份體貼的心。當你對他們敞開心扉，跟這個人交心後，才會驚覺自己被利用了。

我們花了許多時間跟傷害我們的人留下的種種回憶，往往就是牽絆我們無法向前邁進的原因。回憶雖然美好，可一旦利益糾葛牽扯其中，對方往往毫不留情地犧牲了珍貴的情誼，唯有自己還傻傻地捧著那些回憶，不肯正視現實。

東野圭吾說過：「人與人之間情斷義絕，是心已經離開的結果。因為心一旦離開了，就再不會回來了。」面對畸形的友誼，不要猶豫，盡快離開這樣的人。拔腿溜走是最好的選擇，時間拖得越久，你受到的傷害就會越大。

擺脫傷害你的控制關係

另外還有一種需要避開的人，那就是控制狂。不管他們對你有多麼熱情，都只是為了控制你，顯示他們自己的權力，凸顯自身的「偉大」。這樣的人喜歡打著「我這樣做是為你好」的旗號，勸你做一些你不想做的事情，甚至擅自作出一些安排，把強迫你的行為當成生活的樂趣之一，但卻絲毫不關心他人的感受。如果你能夠了解這種人的動機，並正確認識自己的感覺，找回自己的價值，不要接受控制者的評價，與之保持距離，從而減少控制關係對你的影響與傷害。

當你認清一些關係並不是你所想像，就能放過了自己，拋開那些過往的牽絆，把時間用在更值得的人身上，尋找真正能善待你的人，讓自己拋開陰霾，走出新的人生。

7. 如何面對那些高明的騙術

明智的人明白防人之心的重要性，並採取預防措施，以免陷入困境。

現代社會中，詐騙的手法到處都是，你可能一不小心就心軟而中計。就算你不會因為感情在網路上受騙，但仍可能因為網購或是收到些莫名其妙的訊息或E-MAIL，讓你心頭一震，以為出了大事了。而其實呢，世界依然太平，唯有你被自己的誤判搞得心煩意亂而已。

那些詐騙者都像是研究過高深的心理學般，讓受害者不自覺地落入圈套。詐騙手法更是不斷推陳出新，總是在運用新招時會有一批人受騙上當，直到大家互相提醒有了警覺後，再換新的一招。

面對騙子的手段，最好的方式就是：「漠視」

當你不知道對方講的是真是假時，就直接略過，等過兩天看看情況會怎樣再說。這用在現實生活中也是一樣，當有人捏造假消息，讓你心急如焚，因焦慮失去冷靜，最容易讓人混淆，無法在短時間內仔細分辨，被情緒牽動而掉進陷阱。這就是為什麼許多人會上當，不管你聽過多少資訊，有多麼謹慎，全都會因為一時的情緒受到左右而全盤瓦解。

當你選擇漠視，等於不給騙子任何的空間去說服你，連講一個字的機會都沒有，何來的情緒被牽動呢？

慎思明辨，拒絕誘惑不貪心

「你不理財，財不理你。」這句話是否也深深烙印在你的腦海裡呢？出了社會後我們身邊的朋友一個個開始買股票、基金，學習投資理財想，也讓我們心癢想將荷包中的錢投入。這時如果我們想投資卻不做功課，只關注短期的利益，卻忽略風險和成本，那麼就很容易上當受騙。

「不勞而獲」是人的天性，所以勾起人們的「貪念」也成了詐騙一貫的手法。那些低於市場行情價、拐你投資、賭博的，就是看中人們這種心理。如果真想「不勞而獲」，去買張彩券或刮刮樂還比較安心些，至少從口袋裡直接掏出來的錢，你還會衡量一下，不會「一擲千金」。

另外貪圖美色、貪圖感情等等都很容易讓我們陷入詐騙的圈套，讓我們因感情用事而遭致損失。

總之，當我們無法杜絕詐騙的風氣時，就只得學會「與之共存」——豎立起適當的防衛。因為這是一個永無止盡的拉扯，邪惡與良善的抗衡，有賴我們堅守原則才能杜絕於外。

即使一不小心掉進了圈套，也須盡量將損失及傷害降到最低，及時抽身，以免被騙到一無所有。最怕的就是「不相信自己受騙」，還傻傻的堅持下去，全部血本無歸，最終只能遺憾地面對無法挽回的損失。

8. 遠離控制狂，守住自己的界限

當我們放下控制欲，才能真正體驗生命的美好，並與周遭的人和事和諧相處。

——約翰・洛克（John Locke）

早年的一部電影最近忽然成為討論的一股風潮，電影名稱為《煤氣燈下》（Gaslight）。電影《煤氣燈下》（Gaslight）講述保羅琳在與丈夫格里芬共同生活時，在丈夫縝密的心理操縱下變得懷疑現實、質疑自己，逐漸將她推向瘋狂的邊緣。在心理學裡這種以「扭曲受害者眼中的真實」來影響他人的認知、來控制對方，繼而操控情感，就被命名為「煤氣燈操縱法」

（gaslighting）。

不知是否因現代人生活型態越來越複雜的原故，還是有越來越多人把利害關係看得比生命重要，總之，你會發現現代社會中的控制狂似乎越來越多——除了一些以圖利為目的的業務員，也包括生活當中碰到的同事、朋友，甚至家人，甚至連我們都不小心成為控制欲大魔王。從親到疏，都存在著許多「控制狂」，以箝制他人的思想行為來滿足自己的期望。

這說穿了是一種極為自私的行徑，但這些魔人卻樂此不疲，當達成自己的目的便沾沾自喜，要跟他們談「同理心」，就好比天方夜談。

有些人會偽裝是你「最好的朋友」、「最會替你著想的人」，但請小心：會說這種話的人才是最危險的，也最善於替人洗腦。

不管是回顧過去還是在現在，你是否曾經遇到這樣的人，他們總是強烈地要求你成為他們所期望的樣子。這些人可能是家中的長輩，經常用感情來綁架你；或者是工作場所中的同事、上司，喜歡掌控公司及員工大小事，熱衷提出建議等。

這些人希望你聽從他們的指示，並且完全接受他們的觀點，否則就會試圖操縱你、威脅你，或者攻擊你的人格，認為「聽他們的才是最正確的選擇，你的看法統統都是錯的，堅持己見日後倒楣的會是你……」等。他們用否定你意見的方式，從而達到自己的目的。

你是否意識到自己一直被這些人牽著鼻子走，而毫不自知呢？

有些人總是喜歡當老大，有些人則希望你為他們犧牲，還有些人會端出冠冕堂皇的理由強加自己的期望，認為只有他們設定的標準才是正確的，可是，他們所謂的「理想」，其實只是為了成全自己所編織出來的謊言，並不能幫助你實現真正的自我價值。他們描繪的未來，也不是你想成為的那個人。

先前我曾經遇過一個例子。對方先是假裝欣賞你、牽了些關係靠近你，當發現你卸下心房告訴他心裡話時，再假好心的給你該怎麼做的「建議」。奇怪的是，他的「建議」比較像是強迫性質的「命令」，一旦你不照著做，對方便開始罵你「笨」、「不知好歹」等等，想盡辦法屈辱你。當你抗拒，對方便開始把你告訴他的「心事」到處去散播，弄得你裡外不是人，失去許多彼此共同的朋友。

想分辨這類人不是沒有端倪可循，例如：當你一發現苗頭不對，對方以強迫式的態度要你「遵從」他的建議時，他們會不斷地給予建議，即使那些建議對你來說未必是最佳的解決方案；另外，他們大多不會認為自己有什麼問題，而且認為這樣控制的現象是正常的現象、負責任的態度……，遇到控制狂，勸你趕緊封鎖對方，免得讓對方有縫可鑽，及時杜絕一切可能對你造成的傷害。

我們必須認清，現代社會中「控制狂」無所不在，這已是某種精神疾病，我們大可不必跟這些「精神病患」起舞，讓他們影響你的人生，破壞你的幸福，最好的方法就是與之遠離。

相信我，和這類人處得越久，你能量的消耗越大，不要相信你能改變對方什麼，自己的業障自己背，趁早全身而退才是王道。

9. 與其耿耿於懷，不如放過自己

我這一代最偉大的發現就是，一個人可以藉由改變自己的態度，來改變一生。

——美國心理學、哲學始祖 威廉・詹姆斯（William James）

有些時候我們會無法克制的放大一些事件，即便那是些微不足道的小事——這事小到像是別人不友善的態度、不小心摔一跤等等，卻會放在心上一整天、一星期，甚至好幾個月。不僅為了那些小事壞了一整天的心情，還無心於手邊重要的事情，相較之下是不是太不值得了？

事情往往要等到幾天過去，我們逐漸淡忘後突然再想起來，才會為自己的莫名其妙情緒感到可笑，甚至後悔影響了好一陣子的正常生活。

儘管這些在別人眼中看來像小題大作，但當事人卻可能吶喊：「因為你不是我，怎麼知道我心裡的感受！」的確，不是每個人都能對他人感同身受，但過度被情緒所牽絆，卻未必是件好事。有些事情也不過起因於很微小的一個事件，也可能是突發狀況讓你來不及反應，以至於一直抱持著某種「遺憾」而走不出來。

一個人的心思有限，如果我們不能專注在最重要的事情上，反而被一些枝微末節的小事亂了心情，讓自己處在不愉快的情境下，對生活不但一點幫助也沒有，還會連帶被拖累。

我很喜歡植場導演王小棣的戲。幾年前王導演執導的《茶蘼》（Life Plan A and B）看後超有感的，尤其是女主角說：「真的好想知道答案後再選擇」，讓人心有戚戚焉。女主角就如大多數生活中的普通女生，出生於一個平凡的家庭，做著一份平凡的工作，擁有一份平凡的愛情，但是希望自己的人生能稍微不平凡一點。所以當好運和意外一起來臨時，面對事業和愛情的選擇題，她開始感到惶恐、迷茫，不知所措。在Plan A的人生中，她放棄了夢想，在日常瑣碎中活成了一個平凡家庭主婦的樣子——擁有一個可愛的兒子，一個有責任有擔當的老公，一個其樂融融圓滿的家庭；Plan B的人生中，她抓住事業成功的機會，成了自己夢想中藝術總監的樣子，賺了很多錢，功成名就，但她失去過一個未出世的孩子，失去了與人分享喜怒哀樂的陪伴，失去了正常的戀愛關係。天底下哪有一帆風順的路途，於是遇到不如意時，我們永遠想著另一條必定比較好，結果有可能失去更多。

不僅戲劇如此，生活就是不斷選擇。一回，我在公車上看到外頭一個好久不見的舊友，不過就遲疑了一下，公車再次啟動，我也來不及下車，自此再沒相遇的緣分，事後我經常會想：如果當初我能及時下車就好了。面對人生中感到扼腕的事件時，我們常會埋怨著：「當初要是我有動作就好了……」、「如果當初我選擇念電子科系就好了……」、「如果當初再見他一面就好了……」，似乎未選擇的那條路總是更好。

但事實上事情已經發生了、或是過去了，你再也回不到那個時間點，去改變當時的決定，但卻把許多時間荒廢在後悔之中，這樣值得嗎？

每個人對類似事件的反應都不同，有些人想想就過去了，但對一些敏感族群、或是有特別經驗的人，就像是挑起某個敏感神經，可以讓人變得消沉頹喪，始終停留在那一點轉不出來，說白一點就是「鑽牛角尖」。

我們經常會勸別人「想開一點」，一旦當事情輪到自己身上，卻又不由自主的陷入後悔的泥沼裡。

常言說得好：「這世界最難找到的，就是『後悔藥』。」因為後悔讓我們頻頻回顧，因為內咎讓我們停留在某個時間點走不出去，卻忘了未來還有更重要事情等著我們處理，有更多的幸福等待我們去挖掘。

「過去種種譬如昨日死」，既然沒有真正的時光機可以帶我們回到過去，我們能改變的只有未來，對於無能為力的事想得再多也是徒然，還不如掌握當下，從過去的痛苦記取教訓，從當下重新做起，不讓未來的我們回頭再感到懊惱，這才是積極的心態。

同時若能因為「錯過」或是曾犯過的錯，能夠讓我們更懂得把握當下，積極面對任何問題，這也不啻是一件好事。一個人的精力有限，就別讓自己的心思被那些瑣事給占滿，而是經常在內心清出一塊空地，讓更好的事物進來，讓自己可以變得更好，這才是你所該正視的。

10.做真正想做的事，而不是被其他人牽著鼻子走

人生只有一次，活給別人看實在太奢侈，寧可因為真實的自己而被討厭，也不要因為偽裝的自己而被喜歡。

——《在不完美的生活裡，找到完整的自己》

我們常常會發現：這社會只要一流行什麼，很多人便想也不想投入其中。說是跟上潮流，但實際上卻比較像是無頭蒼蠅，別人登高一呼，就傻傻跟著「失心瘋」起來。

最容易發現到的，就是那些網路消息，跟馬路消息沒兩樣，一旦有什麼

好吃的、打折的，大家立刻一股腦往裡衝——一個美麗的景點因為網美打卡、網美照瘋傳，前往的群眾多了，失去原本靜謐幽雅的景致；一個在地非常普通的食物，也可能透過網路消息的傳播搞得大排長龍，非得要擠進去吃一口才行；其他還包括網路瘋傳的健康資訊、關注藝人的八卦消息等等，都把人弄得暈頭轉向，像一群小羊，在離開羊圈後迷失了方向。

的確，任何潮流的興起一定有它特殊的意義，但這是給人「參考」用的，而不是「複製」。只懂得複製的人，最後必定會迷失自我，浪費許多時間在毫無意義的事情上。

如果你是希望來場輕鬆愉快的旅程，那就得避開人擠人的場合；如果你此行的目的是去吃美食，那就專注在「尋找美食」上頭，別人愛吃的未必是你喜歡的，甜鹹煎炸各人所好有所不同，如此才能度過一個美好的休閒時光。

至於面對我們生活重要的職涯發展也是同樣道理，一味尋求現在最夯的產業而不去思索究竟適不適合自己，那你也同樣中了「潮流的病毒」。如果過兩年、三年，這個產業不吃香了，難道你也要跟著再轉行到更潮的產業？那又要花費多少力氣？這豈不是把之前累積的成績和經驗都付之一炬？

就像現在科技產業很吃香，就想去分一杯羹；看到旅遊業旺盛，就想去當業務、導遊，卻忘記自己個性適不適合。特別是現在全民瘋買房的歪風，充其量也只是一窩蜂，很難有什麼便宜好撿，就算撿到了也是讓你多背上一層負擔而已，更別提你關於工作上類似的經驗了。

雖然跟隨「薪情」選擇工作，似乎是個不錯的方式，但這樣朝三暮四也很難有立足之地，更遑論能成為出色的專家。除非是自己當老闆，不過那種資金上的風險又是另一門學問了。

要明白世界的潮流總是不斷的更替，就像季節的變換一樣，有時最潮的行業可能在一夕間成為最慘行業。如果你沒有相當的熱情，恐怕無法堅持度過低潮，等待春暖花開的到來，這就是我所謂的「適性」。

就算我們一時不察，盲目追求最潮的行業和生活，但過程中現實總是為你上了一課，這也是一個相當好的教育。把那些挫敗謹記在心，慢慢嘗試，你終會找出一條最適合自己的道路。

這並不是要你去反對潮流，像青少年一樣叛逆，而是了解自己，知道什麼對你是最棒的，即使失敗了也沒關係，因為那都是個過程，有了熱誠和理想，即使陷入低潮也不會讓你放棄，更談不上後悔，因為你還有收穫。

別被潮流洗腦，你一定能找到你最想要的，而且讓你感覺到愉快的方式生活。而重點是：那可能是站在潮流上也可能不是，而你的直覺會做出最好的判斷。

11. 自信來自於內心的快樂、找到自己的位置

你的自信不該由評價來定義，應該來自你的內心，而非讚數或各種負面留言。

——美國模特兒兼演員 艾蜜莉．瑞特考斯基（Emily Ratajkowski）

在北漂工作幾年後，我返鄉居住。有一回在居住的小城鎮面試中碰到一位緊張到不斷冒汗的雇主。面試過程中，我只是跟一般面談者一樣簡單的敘述自己的學經歷而已，並不太理解她的反應。等面試過後，大家輕鬆閒聊時，忽然老闆娘冒出了一句：

「你到底哪來的自信？」

「什麼？」當下令我很傻眼。

原來是這點害得她變得很緊張。當一個人表現得很有自信不是件好事嗎？為什麼老闆就覺得員工應該「怕」他們，而表現得一副唯唯是諾的模樣呢？

我的自信從哪裡來？其實可以很坦然的說，在我年輕時也曾是一個非常沒有自信的人，除了小學時代的懵懵懂懂，從不知什麼叫做「害怕」——如果你要把這種初生之犢不畏虎的憨膽當成一種「自信」的話。

國中到大學，我一直活在某種自卑的情緒中。總覺得自己哪裡不如人。就讀的學校雖然不差，但和朋友一起就是相當的自卑，總覺得別人都比自己還強。

這樣的心態讓我在和同伴相處時，總愛跟在別人屁股後頭，不敢得罪朋友；在感情方面也一樣，一旦出現競爭對手，總是「不戰而敗」，生活處處充滿著失意，老覺得在別人面前抬不起頭來。現在回想起來覺得當時的自己很可憐，生活上處處是挫敗，只能自己躲起來偷偷掉淚，不懂得為自己爭取些什麼。

一直到出了社會，在工作稍有成績，別人對我的態度不一樣了，有人願意聽我說話，也逐漸贏得同事和上司的尊重後，我的信心才逐漸恢復。後來我逐漸明白「自信」的真正含義。「自信」是「我現在雖然還不厲害，甚至差得還遠，但我相信努力可以讓我未來成為厲害的人」。

當我們找回了自信，面對生活的態度就會不同，你會知道自己該爭取些什麼，也會對不合理的待遇產生反抗和要求，而這種「衝突」帶來的卻是更多的尊重以及實現理想的人生——可見自信對一個人的重要性，它可以幫你找回生命中的價值與成就感，而不是終日惶惶，沒有方向感。

自信不是一種高傲或目空無人，而是來自自我的肯定。

生活中累積的智慧和經驗，或是來自工作上的成就，能將我們的生活塑造成自己想要的樣子，於是產生我們對自我的信心。這不是可以強裝出來的，而是很自然而然散發出來的一種性情。

為什麼要說自信是一種良好的性格？這是因為自信心能讓我們輕鬆面對困境，可以讓我們以最冷靜的姿態，處理那些麻煩事。因為自信心可以讓我們無所畏懼，而能將自己保持在最佳狀態，獲取最好的成績。

這種源自於對自我的肯定，能讓我們具有絕佳的判斷力，不致人云亦云、對生活茫茫然無所適從。可以導引我們走向正確的方向，並帶給我們一股安全感，累積生活上的實力，即便在最壞的情況下也能維持最佳的精神狀態。

這種自信心的建設並非盲目的自以為是，而是懂得敞開心胸去接納你的弱點、強化你的優點，讓你知道自己是一個什麼樣的人，又懂得如何保護自己，讓自己保持在最佳狀態。

自信心要從哪裡來呢？從生活中一點一滴累積的成就感而來。譬如閱讀大量書籍、走萬里路，或是做你最在行的事，這都很容易讓你找到自信的來源。

俄國著名戲劇家史坦尼斯拉夫斯基（Konstantin Sergeyevich Stanislavski），在一次話劇排演中遇到了一個意外情況：女主角無法出演。面臨找不到替代演員的困境下，史坦尼斯拉夫斯基只好求助於他的大姊，讓她擔任這個關鍵角色。他的大姊以前只是一個服裝道具管理員，突然的任務讓她感到膽怯而自卑，因此表演得相當糟糕，這也引起了史坦尼斯拉夫斯基的煩躁和不滿。

在一次排練過程中，史坦尼斯拉夫斯基突然要大家停下排練，他宣稱這場戲是整個劇目的關鍵，並表示如果女主角繼續表現如此糟糕，整個戲劇就無法繼續進行下去。這一刻，場內陷入了寂靜，史坦尼斯拉夫斯基的大姊久久沒有說話。突然之間，她抬起頭來，毅然宣布：「讓我們重新開始排練！」她一掃以往的自卑、羞怯和拘謹，展現出極度的自信和真實演出。史坦尼斯拉夫斯基欣喜地表示：「我們又多了一位優秀的表演藝術家！」

為什麼同一個人前後有天壤之別呢？這就是自卑與自信的差異。

因此，不要因為覺得自己不如人而感到自卑，而是要了解自己的強項在哪裡，運用你的優勢幫自己找到自信。而這種自信就是相信自己做得到，雖然不是第一名，但卻可以讓自己變得出色、讓人折服，這也是自信心的來源。

叫醒自己，放過自己

CHAPTER 02

洞察你的缺點，不要想著變完美

人生最大的缺點是你總能洞察別人的缺點，而忽略了自己的不足。

1.因為不完美，讓我們有進步的空間

永遠不要為自己的努力而感到羞恥！擁抱尷尬、不怕犯錯、接納不完美的人生。

——泰勒絲（Taylor Alison Swift）

太過追求完美主義的人往往給自己過大的壓力，容易因做得不夠好，而深感挫折，這就有點像是「物極必反」的道理。越是急切想做好一件事，卻越遠離目標，並且容易讓人心生放棄之念。

這並不是說我們就應該鬆懈，或凡事抱著消極的態度，覺得有做就好，而放棄了要求。我們應該為自己訂定目標，一步一步去達成，並順應著自己本身的能力去修正、理解凡事沒有一蹴可幾的道理，只要每次能往前推進一些些，那就是一種成功、一種進步，終有一天可以達成心目中的理想。

「追求極致」是許多人的夢想藍圖，但必須衡量本身的狀況。像是運動神經很差的人，如果訓練到可以投籃成功，就應該給予自己鼓勵，因為運動對這類人來說，想達到專業成就還不如選擇強健體魄來得實際。

某些人天生就是數理天才，別人很難與之競爭，難道像這種人心中就沒有「完美的目標」了嗎？當然不是的。只是他們所追求的「完美」又跟平常人不一樣，在某些事務上他們如魚得水、輕易超越群倫，但在生活上，也許需要他人的照顧；在感情、人際相處上，顯得冷淡、無法與他人有良好的溝通。每個人都有他不完善之處，你認為容易的事對別人來說可能困難重重，而你認為的難處，對別人來說卻如魚得水，就是這麼回事！

如果我們能明白到這點，就不會因為自己某方面不如人而感到自卑，而是努力發揮自己的特長，在某一領域上有優異表現，那就已經是非常的「完美」了。

感到不夠好而想讓自己變得更好，是一種進步的原動力

因為對某項事物感到「不足」而讓我們有奮鬥的野心，這才是追求完美的正向意義。感到不滿足而讓我們想變得更好，那就是一種「進步」，無論是在生活、感情、工作上都是一樣的。正因為不滿意目前的人生，因此我們會去思考做怎樣的修正和努力，這才是生命前進的力量。

這世界上本來就沒有真正「完美的標準」，一山還有一山高，而所謂的「完美」其實都是人定的。所有的完美都可能被超越，所有的「完美紀錄」都可能被打破，永遠沒有一個止盡。而我們能做的不是去期望那個最高峰，而是如何超越自己，讓自己變得更好，這才是對「完美」的定義。

不要因為別人比你的成就高而感到挫折，而是懂得去欣賞、學習對方的優點，把那些優點成為自己努力的目標，懂得學習才是一種成長，那才是我們應該去追求或彌補的。

別因為「不如人」而感到自卑。人生沒有滿分，才有進步的空間。諮商心理師周慕姿說：「所有的成就與成功，只是對內心焦慮暫時安撫的麻醉

劑，而非是能夠化成自我肯定，甚至自我價值的禮物。」所以，勇敢面對自己心裡真正的恐懼，好好感受生活的好與壞，事情做不好，只表示仍有進步空間，不是你不夠好，更不須因此而挫折或放棄。

我們試圖追求完美，卻沒有真正「完美」這種東西，這就像任何的藝術創作，或許大多人讚歎的傑作，對一個藝術家而言卻還是覺得哪裡有缺陷。這就像每個人對自己身材的挑剔一樣，即使是站在伸展台上的名模還是有對身材不滿意的地方。就因為這種「跟理想中的差距」，才能讓人時時警惕自己，不斷保持在最佳狀態。

把發覺本身的不完美當成一種激勵而不是挫折，藉由這股力量不斷超越過去的自己，修正你原來的缺失，才能擺脫別人給你的期待，找到自己的真正價值，贏得眾人欽佩的目光。

2. 有缺點不是問題，問題是你想不想留在身上

要愛完整的自己，包括缺點，還有不好的地方！

——Ozone 追夢少年

許多人很怕暴露自己的缺點，深怕一旦被人得知，會受到嚴重打擊，會失去刻意維持的形象。而懷著這種憂慮，往往讓我們不敢面對真實的自我，甚至犯了錯還會硬拗，結果就是一方面更惹人厭、另一方面自己也永遠不會進步。

就拿遲到這件事來講好了，所有遲到的人都有很多理由，但唯一不會承

認的就是自己的確有疏失。於是會遲到的人就像「慣犯」一樣，以為拿出「漂亮的理由」就可以說服他人，到最後變得沒人想約，甚至失去珍貴的友誼。

我一位前同事就是遲到慣犯。我離職回老家後，仍偶有聯繫。某次我們相約在台北碰面。等我到達目的地後打給她，她竟說「還在家化妝」，於是她遲到了一個半小時。我不知道自己當時為什麼那麼有耐心，又可能是自己從老遠的中部過來有些不甘心。但至此以後，我未再與此人約會，隨著時光的消失，她也消失在我朋友的名單之中。

為什麼我會想起這個同事，起因也是近來又遇到類似的狀況。這次與我相約的友人更誇張，她主動和我約兩個禮拜後某日見面，我認為要約這麼久以後表示她很忙，而且確定那天是真的有空，所以，我很珍惜那天的會面，時間到了準時坐車過去。

等我到了約定必點後打電話過去，這位小姐竟然很訝異的說：「我跟妳有約嗎？」

我不知道一般人聽到的反應如何？但我當下真的一股氣：「你叫人跑這麼遠，然後這麼一句就算了！」如果對方能趕過來，或許還可以稍稍平息怒火。但這位「朋友」竟然找個理由說家裡有事，然後又推說以前也被放過鴿子「巴拉巴拉」的。

總之，我掛上了電話，覺得自己好「白癡」，冒著寒風守信赴約竟然換來這樣的待遇。後來徹底封鎖了對方。

我之所以會提到這些往事，正因為跟人面對「錯誤」的態度有關。有人會找各種理由來掩飾自己的過錯，而不是真心誠意去彌補修正，那麼這樣的缺點將永遠存在，並伴隨對方一生，直到踢到更大的「鐵板」。

無法信守承諾對一個人來說是很大的缺點，遲到或放人鴿子正是一種破壞承諾的舉動，會讓人對你的品德大打折扣，為此失去一段值得相交的友誼，這損失不可能說不大。

這種性格上的缺點，雖然表面看起來沒什麼，但日積月累，卻會對你的人生造成損害。能不能接受是別人的事，但我們在面對自己這樣的缺點時，必須懂得改善，承認自己的問題才有改變的可能。而過度包裝、甚至想以謊言來蒙蔽，到頭來受害的會是你而不是被你毀諾的對方。

3. 生活中的盲點

重要的是我們在一起的這瞬間。

——《玩具總動員》

我們會看到有些人明明有著令人稱羨的家庭背景，滿手好牌卻打爛了，以至於抑鬱以終，令人相當惋惜。性格決定命運是真的。

她對於我來說，是一位非常特別的朋友，大概是因為遇見了她的故事，讓我感慨萬千。

我出生於資源不甚豐富的小城鎮，當我們好不容易會唸點書，師長們都會鼓勵我們離開家鄉，努力考進一流學府來改變自己的未來，在外地擁有更好的發展。

我還記得，雖然我們在小學都算功課不錯的學生，一群優秀人才進了校園又被分成「前段班」跟「後段班」。這「好」跟「壞」僅是依成績來決定考什麼區域的學府，但在學校得到的待遇其實沒什麼差別。

我後來勉強考上了還不錯的高中，但比起那些能考上第一學府的同學還是差了好大一截。當時的我還以為，那些考上一流學府的同學們往後人生的發展應該是一帆風順，但實際上卻不是這樣的。

她正是考上一流學府中的一員，但我很驚訝的聽說她後來竟然沒上大學，而她的求學路程就僅止於那個明星高中而已，雖然那個「招牌」還是很響亮。

我不知道她中間經歷了什麼，但據我所了解，她當過鋼琴老師、也擺過路邊攤。這兩類工作真是差距太大，讓人很難想像，不過唯一可以肯定的是，她一定有很好的家庭環境和疼愛她的父母。就那個時代來說，能讓兒女去學鋼琴的家庭狀況不致差到哪去。

再度相遇時她已經結婚了，跟老家的一個男生，好奇打聽之下，發現對方是她擺攤認識的，職業也不過是個保全而已。雖然說職業無分貴賤，但以同學如此好的身世和學歷，能選擇的對象應該不只如此。

在幾次接觸之後，她才跟我吐露她的感情經歷。不知是不是被家庭保護得太好的關係，她連現在的先生也只不過是她曾交往的第二個對象。她的第一個男朋友看起來就是個爛渣，那種在老家繼承家業的小店老闆，一輩子也沒出外工作過。

如此單純的朋友，很難想像在優秀的學歷下，還會有這樣的古板思想：會認為一旦交男朋友就要結婚。哪怕只是牽牽小手，就該情定對方了！這真的讓人有些匪夷所思。回想這同學不僅家世不錯，當年也上台北求學，應該不是那種一輩子待在鄉下的井底蛙才是，怎會在現今二十一世紀還會有這種古板的想法。

「那你愛這個先生嗎？」我問。

因為每次到她位於鄉下的老家，她的老公都會藉口出門，我從來都沒見過。

她悠悠回道：「住在這裡很需要有個男人幫忙照顧吧？」

就我這麼一個交過不少男友的人，真的很難想像她當中的固執。每每跟她聊天，都會羨慕她有這麼個幸福的原生家庭，和她相比我各方面條件都不如她。我有個不快樂的家庭、從小沒被好好關照過一路走來的孤獨，連唸的高中也比不過她招牌那麼閃亮，然而她，為什麼會選擇了這樣的人生，難道看不透異性在她身上的目的？

我不相信那是真愛，也不認為她真有多愛對方，大概故事就跟她前一個男友一樣。

「有人追就在一起吧！」

說起來，她可謂相對優越，人生本不該如此，她值得更好的男人，但人生沒有給她任何機會了。在一陣子沒聯絡後，傳來她不幸過世的消息。

有時，當我望著牆上那幅來不及送出去的畫，總是會想起她這樣的人生。想著，如果我有她這麼幸福的原生家庭，我應該早早就可以嫁了，而且我交往過的對象也不乏高學歷、甚至高富帥那種萬人迷。總是有得挑的，不是嗎？然而家庭卻成我跨入婚姻的一道陰影。

所以令我感慨的是：如果你懂得珍惜，就會發現自己有多幸運，別經常蒙蔽了雙眼，以致無法把握得到真正幸福的機會。

4. 承認自己也會犯錯

你會犯錯、努力會挫敗，但你不是個失敗！

——《凡事皆有出路》

人都有一種普遍心理現象：要看到別人的錯誤很容易，要承認自己的錯卻很難。就像常常見到要求別人道歉，但輪到自己時又藉口一大堆，說穿了也是人性的一種通病。

正因為沒有人是完美的，因此我們不可能不犯錯，如何在錯誤中學習讓自己變得更好，這才是我們該學習的，也能讓我們趨近於「完美」。所以

「認錯」也是我們人生過程中必要學習的課題之一。

懂得認錯的確需要克服一些心理障礙，因為多數人會以為認錯道歉是一種示弱的表現，經常會礙於面子問題而不肯低頭。但從另一方面來講，認錯並不是弱者的表現，反倒是一種勇氣，更可以彰顯自己的自信，因為不怕認錯讓自己顯得怯弱，反而是一種負責任的態度。

我們常會發現：當一個衝突發生時，我們的優先反應常常會指責是對方的問題，這時很難去反省自己，因為這時正處於情緒的高漲，很難有理智性的思考，抱持著「先指責先贏」的心態，非要對方認錯不可。等冷靜下來仔細回想：難道我們一點問題都沒有嗎？

這恐怕不然，所謂「一個飯碗敲不響」，這當中不一定都是對方的錯，但我們當下都會認為只有指責對方，才是證明自己「有理」的一種方式，非要對方「認錯」、「道歉」不可。這可歸於一種好強、好爭面子的心態，殊不知在「公說公有理、婆說婆有理」的狀況下，只會讓情況搞得更加緊繃，朝更惡劣的狀況下發展。這對雙方都沒有好處，對解決問題一點幫助都沒有。

凡事要爭到贏，並不能讓你成為一個強者

人都會有一種好勝心，覺得凡事都要爭一個輸贏不可，不管自己站在什麼位置上都希望自己永遠是對的，而別人都應該聽你的才對。於是不管對錯，這已經變成了一個輸贏之爭了，就算錯在自己身上也要硬拗，這反而是錯上加錯。而這種情況下，不管是非，只管誰贏誰輸，才是導致社會亂象叢生的最大原因吧！

而這樣行為的結果，一是加深彼此關係的緊繃，還會讓人對自己產生更壞的印象，而且也只會讓雙方更爭執不休，事已無關對錯，而只是各自的「好勝心」作祟。

因此，遇事一味指責他人，只會造成自我的蒙蔽，失去檢討改進的機會，且讓自己在別人眼中成為一個霸道、不講理的人。就算當下爭贏了，但卻未必讓對方心服口服，只會更加撕裂彼此的關係，如果對方又是跟你關係緊密的人，那損失可不是一時爭贏爭輸的問題，而是一段關係的緊張或破滅。

懂得認錯是一種風度

輝達執行長黃仁勳在一次演講中分享了他的創業故事，以此激勵聽眾不要害怕承認錯誤或尋求協助、願景實現前忍受痛苦，以及決定取捨或放棄，是能否成功的核心關鍵。這個關於承認錯誤的事件是這樣的。

輝達的第一個產品是為電腦遊戲設計的3D顯卡，他希望與日本電玩業者SEGA合作。然而，一年後發現設計架構錯誤，如果繼續進行下去，做出來的SEGA遊戲主機技術落後，且與Windows不相容。黃仁勳不得不向SEGA執行長解釋，輝達無法繼續合約，希望SEGA另尋合作對象，但又希望SEGA能全額付款，否則輝達就會倒閉。

令他驚訝的是，SEGA同意了他的要求，這讓輝達能多撐六個月，打造出RIVA 128顯卡，正當輝達公司資金幾近枯竭之際，新顯卡震撼了3D市場，讓輝達一戰成名，拯救了公司。

人如果事事只會認為自己都對、若有問題一定是別人的問題，這並不會讓你成為一個強者，而是一個令人討厭的傢伙。或許別人口裡不說，但心裡的評價亦會如此。

如果你認為認錯是一種示弱的表現的話，那可是大錯特錯。當我們願意擺低姿態承認自己的錯誤時，反而更能贏得他人的尊重，讓對方知道你是個明事理的人，而讓衝突也隨之化解。

只看到別人缺點卻看不到自己問題的人，才是真正心胸狹窄、顯得無理的一方。

一個真正有自信的人絕不會因為承認自己的缺失，而影響對自己的信心，反而更能突顯出一個人的品德跟涵養。

畢竟這世界上孰能無過？承認錯誤並懂得解決問題才能讓事件圓滿落幕，而我們也能從中得到教訓跟智慧。

5.走錯了路，要記得回頭；愛錯了人，要懂得放手

面對自己犯下的錯誤說出「自己真是太愚蠢了」，這才是真正強大且勇敢的人。

——《正能量企鵝「幸福論」》

所謂「一步錯步步錯」，許多在關鍵時刻犯下的錯，可能要花數年或賠上一生來彌補，因此怎叫人能不步步謹慎呢？

當然沒有人是聖人、我們也無法去預測自己當下的決定對未來的影響是好是壞，總是要等到事情發生了，才會自責悔悟當初沒有看清楚。但無論多少的自責跟埋怨都無法改變既成的事實。這時如果繼續任由負面思維淹沒自

己，恐怕那個坑會越掘越深，跟著自己的人生將一起埋葬。

這就像剛掉進湍流溪水裡的人，一開始還會驚恐的想游回岸邊，即使不會游泳也會想緊緊抓住身邊可以求生的物品，以阻止自己隨激流而下。但那種力氣會因著一而再的努力漸漸喪失，直到失去任何鬥志，被河水所淹沒。

沒有人一開始不會因為自己而偏離了方向，或是受到巨大損失而不感到心痛的，然而這深刻的感受正是一種警訊，像是火災一開始的警報，提醒著你應該快點做些什麼來保命。如果罔顧一開始的警訊，放任警報不顧的話，後果將難以想像。因此放任自己所犯下的錯誤，以為可以用時間來消弭，只會讓問題演變成不可收拾的後果。

與其在我們受到損失時自怨自嘆，還不如拿出精神想想如何挽救。因為沒有人從不犯錯，如果我們不能從犯錯中學習、及時回頭，那麼才是連環錯，這時候怪東怪西都無濟於事。

既然發現錯了，就要勇敢承擔

努力去力挽狂瀾才不會越陷越深，以致到無法挽回的地步。如果能記取教訓，讓自己未來不會重蹈覆轍，這才是「損失」給你上的最好的一堂課。

就拿投資來說，很多人會一時衝動，相信他人華麗的言詞，把辛苦賺來的血汗錢孤注一擲，最後兩手空空……你堅信問題不是出在自己，而是對方的欺騙，但如果對方回過頭來又找你投資，你還以為可以扳回一城，這就是你的錯了！

錢財失去了事小，影響我們的心理層面甚鉅，如果因此而抑鬱終日，那可能就永遠跟你的未來說再見。

包括感情也是一樣，有人明明在男女朋友交往時就已經看到問題，卻不思索問題核心點在哪，甚至刻意漠視，以為結了婚一切都會好轉，結果把自己的幸福壓在一個不對的人身上，到時想回頭比男女朋友分手更難上加難。

無論是台面上的公眾人物還是身邊有太多的例子，有人會推說是運氣不好，其實倒不如說是自己犯了重大過錯，而且還縱容這樣的錯持續下去，直到最後就算清醒，卻已經永遠回不到過去，那些你曾經苦心經營的人生就此毀掉。

要清楚時間是不等人的，你可以花數十年經營出一定成就，但要毀壞可能只需短短時間。但這中間你絕對有機會回頭、及時止血，就看你願不願意擁有這樣決斷的勇氣。

要決定當下止血很難，我們總是一開始會難捨之前投注下去的心血，但請相信我，一旦你遲疑抱著等待可能轉圜的機會，時間拖得越長傷害越大，直到無力乏天為止。唯有接受自己的錯誤，才能馬上當機立斷，割捨掉這層傷痛，讓你可以盡快找回原本屬於你的人生。

6.忽略那些不懷好意的

只有當你不再在乎的時候，這一切才有機會開始變好。

——知名作家 Peter Su／《後來的你，好嗎？》

在我們生活當中難免會遇到些小人，他們隱藏在暗處、甚至可以偽裝成你最親密的朋友或家人，在你毫無防備之下狠很給你一刀，讓你生活中摔了個大跤，甚至失去最重要的東西。你我都很難躲過這類人，總會讓你防不勝防……

那些個小人有些是出於嫉妒、或是競爭、想不勞而獲等等，最明顯的例子就是出現在工作職場上，這個充滿心機跟鬥爭的場所。

記得以前我曾經在一家公司因為一時情緒憤而離職，等過兩天冷靜下來，才覺得相當後悔，因為主管其實對我不錯，也很重視我，但自己就是拉不下臉來跟對方聯繫。

這時忽然來了通電話，是那家公司的同事，平常我跟她還算相處和諧，當下很感動她會主動來關心，於是閒聊了一下之後，對方也沒多說什麼就掛了電話。等一星期過後，自己認清了現實，也開始找新工作開始上班，以為事情都結束了……

卻在一個月後的某一天在路上巧遇之前的主管，雙方打破僵局後，那位主管忽然開口說了一句：「我那時找你回來上班你怎沒回來？」

我很驚訝，回問了一句：「你什麼時候有找我回去？」

主管回說：「我有叫XXX打電話叫你回來呀！」

當時真的讓我啞口無言，因為那名同事自始至終沒跟我提到這件事，只是詢問了一下我的狀況，假意說些無關痛癢的慰問而已。原來我是被耍了！還以為對方很夠意思會主動關心。這就是小人！

後來回想，其實自己也有錯，一是太過年輕氣盛、又好強，如果我能在事發之後主動打個電話給主管道歉，就算沒這勇氣，找其他同事聊聊也好，至少不會被一個有心者控制耍弄在鼓掌間。

除了這類屬於「競爭者」的小人，還有那種喜歡放謠言、或是霸凌他人的「小人」，這通常就是出於嫉妒。當你第一時間發現狀況不對時，難免情緒受到影響，氣呼呼的想找出對方當面質問。不過這樣的人總專門會暗箭傷人，這類的事情並不會因為被你揪出來而止息，甚至更增加對方的氣焰。

如果你真的跟對方認真就輸了！因為這類小人會無所不用其極的去惹毛你，甚至讓你變成他形容的惡形惡狀，這時反倒叫你百口莫辯了。

會做出這種事情的人應該不會是第一次，他們可謂「精研戰術」，快變成「精」了，專門用這種手段去對付他人，而不是採取正大光明的方式。難道你要變得跟對方一樣，把心思都用在這「暗鬥」上頭？

而且要知道，會用這種手段攻擊他人的人，肯定是台面上比不過人家，才會用一些卑劣的小手段。而你有你自己的長才，為什麼要貶低自己成為跟對方同個層次呢？

對於小人，最好的方式就是「漠視」。因為小人最大的目的就是要打擊到對方，引起對方極大的反彈，你無須遂了對方的心願。一旦你沒有如對方期望中的反應，最感到難受的應該是那些小人而不是你。

忽略那些小人的伎倆還有一個好處，就是可以避免在情緒影響下做出錯誤的行為或決定，更加暴露你的缺點讓對方有機可乘。我們只需要把精神用在該做的事情上，不要受到那些酸言酸語的影響，才能贏得最後的勝利！

相信「夜路走多了，終究會遇到鬼」，那些卑劣的行徑「不是不報、只是時候未到」，終究有那麼一天，對方一定會踢到個大鐵板，你就等著在一旁看笑話就行了，何必在當下跟對方攪和而惹得一身腥呢？

7. 不要因為眼界變得寬廣，而改變前進的方向

唯有釐清對自己來說最重要的是什麼，才能穩住方向朝目標前行，找回最初的熱情、快樂與衝勁。

我們都必須承認，在現代資訊爆炸、生活中誘惑叢生的社會，我們時常面臨內心的考驗與選擇。若不懂得克制欲望，要從許多額外的誘惑中逃脫，是如此難上加難。

減重可以說是女生一生的志業，十個女生裡有十一個嫌自己太胖，我也因想要有好體態、健康的身體而減重。減重的過程中需克服許多的障礙，因

為在台灣一出門處處皆是美食，華人善於製作美食是出了名的，更何況加上網路的興盛，有時你不必出門，各種誘人的美食都會向你頻頻招手。

於是，好不容易剛開始強力的減肥有點成效後，「魔鬼食物」來了，這可不是我自己的「主動出擊」，而是好心的合作公司寄來的年節禮盒，裡頭滿滿的精緻餅乾，那可不是一般在路邊就可以買得到的，令人食指大動。這下怎辦可好？

我並不像某些人真能克制住自己，尤其是送上門來的美食。仔細想想，這不也跟我們生命中面臨到的許多課題一樣嗎？當有召喚你欲望的事物出現，卻又偏離你真正的理想目標與之相抵觸時，你究竟該如何自處？要能視而不見是需要多大的毅力才行呀！偏偏，我真是那種意志力薄弱的人，只能選擇視而不見，而不是擺在眼前時不去瞄上一眼。

當然，我最後的妥協還是「吃下它」，不過是挑著吃，一次只吃一點點，並將特別容易招致肥胖的巧克力餅乾送人，如此一來，不僅還是嚐到了美味，也降低再度發胖的風險。接著在每次吃完餅乾後，多做些運動，像是簡單的地板操或瑜珈都可以。幸好幾天下來，體重仍有維持住，雖然沒有如原本預期繼續降低體重，但至少也沒造成「減肥破功」。試想，自己好不容易「吃得比貓少、運動操得很累」，這麼辛苦堅持過來，難道要被一時的衝動毀於一旦嗎？這當然不行！

這就跟我們生活中可能發生的事一樣，無論是感情、事業、金錢……，相信每個人都有生命中理想的藍圖，為了這個藍圖，我們願意做出無數的努力，可能犧牲掉許多東西，像是為了約會你可能推掉跟好友的聚會，為了在事業上打拚加班到深夜，犧牲休閒時光去進修等等。在往目標邁進的過程中，總是會遇到一些身旁的誘惑讓你忍不住駐足。這時你該怎麼辦？如果那些誘惑是正中你心，讓你無法抗拒的話。

只要謹記：放棄是最不划算的事，因為你已經吃了這麼多苦，那些時間跟付出不可能重來一遍。而你又無法抵抗那股強烈的誘惑時，我的看法是：「如果真的無法抵抗，那就接受吧！」

你可以短暫停留，但記得不要停留過久，給自己先設定一個時間或「容限度」，一旦淺嚐即止，切莫忘記你還有更重要的事情要做。接受不是所有人都有「鋼鐵般的意志」。

接受自己的弱點，才能更堅強的走下去，而不是到頭來不斷悔恨自己所失去的一切。

只要時時提醒自己：「莫忘初衷」，之前吃過的苦一定不要白費，這樣即使短暫的「停留」，也不致妨礙你達成目標。這正是我在辛苦減肥的過程中，學習到的一門課啊！

8.生命中的惡魔

懶惰使你以為那是安逸，是福氣，但實際上它給你的是無聊，是倦怠，是消沉。
每個人都有絕望而又使不上力的時刻，但最怕的是不甘平庸，卻又不願行動。

——《這世界很煩，但你要很可愛》

人生難免起起伏伏，有些人從高處墜落、有些人從低谷爬起，當你經歷得越多，你會發現，其實並沒有所謂「完美的人生」。就算有人已經幫你鋪好了路，你也仍然會有跌倒的時候。

古人說的「居安思危」就是在提醒許許多多的人，無論身處何種地位，都應當戒慎恐懼，更要小心那些突然從路旁跑出的「惡魔」，可能會毀了你的一生。

有些人會認為：「既然是『惡魔』，難道我會看不出來嗎？」很可惜的，許多的惡魔就是包裹在甜蜜的糖果中，剛開始你甚至會以為對方是來到你生命中的「天使」，要不然詐騙集團會這麼好騙？惡魔就像我們常在新聞中所見的「詐騙集團」一樣，他們總是能最對你胃口又最貼心，甚至可以讓你交心、無怨無悔的付出，以為自己遇到了「良人」，是「不可多得的對象或朋友」。而事實上，這些惡魔正在暗地裡竊笑，等著你一步步踏入他們設好的陷阱之中。

很多受害者往往在受騙後反過來檢討自己，而不是加害者，先是怪自己怎麼這麼傻、這麼容易相信別人。其實這根本是搞錯了方向，壞就是壞在對方並不是你，如果你不是這麼善良，騙子怎麼會盯上？如果你是一無是處，對方又如何會想辦法竊取你的懷寶？

會被惡魔盯上的，往往不是跟他們一樣惡毒的狡猾奸詐者，反而是有著善良、單純跟敏感的心。這些原本是人性中的優點，卻被惡棍扭曲成弱點，專門利用來獲取利益。這只是一種障眼法，企圖以合法手段包裝那些惡毒的心腸。

如果你渴望的是愛情、婚姻，可能會不幸遇到愛情騙子、藉由感情騙財騙色者。這在現實生活中比比皆是，又何況是完全沒見過面、不知對方身世來歷的網路交友呢？

我自己的朋友就曾遇到過一個看起老實又忠誠的男人，說著動人的情話：「只要有你在的地方，那裡就是家。」

這讓朋友以為遇上了值得託付終身的男人。

結果在她投入感情之後，對方以為兩人的未來投資生意的說詞，欺騙朋友不斷拿錢丟進去，甚至不惜到處借錢、銀行貸款，因此而背債，最後才發現對方早已有了家室，孩子也有兩三個了，他所謂的「投資」其實是拿錢去養活自己的家人而已。這對女人是很大的一個打擊，從此之後她再也不相信感情，也對人充滿著不信任。

因為誤踏陷阱而改變自己良好的本性，那是多麼的不值得！因為你失去的不僅是眼前可見的損失，還包括了美好的將來。

那些生命中的惡魔的確是無所不在，專門吸乾人的血汗，直到毀掉人們的生活為止。不管是為情為財，那些個惡魔會到處試探，直到找到目標為止，榨乾一個人，再尋下一個目標。

如果你不想成為那個「目標」的話，就不要把自己套入那種模式之中，遵守自己的原則，情況一旦不對趕緊閃人，不管之前投入再多，總比繼續失血得好。千萬別因為急切想要一樁婚姻或事業，以成就完美的人生，反倒毀了自己的一生。

9. 從改變個性做起

你經營好自己，以為跨不過去的坎都能克服。

——《願你有個自己說了算的人生》

很多人對自己的生活感到不滿意，經常遇到挫折而灰心喪志，總覺得自己運氣不好、有志難伸等等，這時很多人會以「佛系」的心態來安慰自己，認為這一切都是命定。

但，難道我們就要把所有的不幸歸咎於「命運」這種東西嗎？

當我們感到不滿時，其實這是生命對我們發出的警訊，應該感到慶幸而不光只是痛苦。或許你可以安慰自己，至少你不是活得迷迷茫茫，像一群不思考的雞群一樣。既然是生命對你發出的求助訊號，就不能等閒視之。

但這樣的警訊又是提醒你該有什麼樣的改變？你有因此而開始反省，想辦法改變現狀嗎？還是繼續放手沉淪下去？

很多的問題其實最終還是歸咎於個性使然，是因個性養成的習慣。

譬如說你會慣用以前的方式去看待問題、解決問題，就像是經常在下班時經過家附近的巷子口，會順道買一杯紅茶一樣簡單。這看似尋常的舉動，卻透露出你生活的一個慣性，有些習慣沒問題，但有些習慣卻是會重複加深對生活的傷害。

這也像為什麼有人面對感情問題時，老是會遇到暴力男、軟飯男一樣。這一定是某種潛移默化的性格暗示，讓人老是會挑到類似的爛男。如果不好好靜下來檢討，恐怕這樣的惡性循環會不斷發生，這時就不能怪自己命太差，而是個性所導致。

連砲彈要打中同一個坑洞都很難，這是戰場上不變的定律，那為什麼我們能有選擇，卻比無腦的物質還要弱智呢？

俗語說：「江山易改、本性難移」，要改掉自己的習性並不容易，正因為如此，才會讓我們一不小心又掉入過去的窠臼，犯下同樣的錯誤。當我們發現目前生活不如自己所想像，離心目中的理想越來越遠時，這時抱怨並不能解決什麼，而是該開始反思：你到底應該改變什麼，才能讓問題有轉圜的餘地。

能接受自己的缺點是一回事，改善又是另一回事，用一種正面積極的心態，而不是放縱自己繼續攤平下去。

有時候，儘管只是一點小小的改變，你重複做、持續幾天、一星期到一個月，就會有驚人的發現。那些你強迫自己改變的動作，剛開始可能讓你覺得難受，但一陣子之後卻也能甘之如飴，好像也沒太多困難了，這就是「習慣」的威力。

而且重點是，養成好習慣不容易，製造壞習慣卻很簡單，因此必須不斷提醒自己，甚至用貼字條的方式幫助自己，根深蒂固的去除過去的「惡習」，如此一來生活才有可能改變。

要承認自己的缺失很難，尤其在一個人吃人的社會中，但如果不去深自內省，你恐怕將失去得更多。

海涅曾說過：「反省是一面鏡子，它能將我們的錯誤清清楚楚地照出來，使我們有改正的機會。」

書畫大師齊白石，即使已經享譽盛名，也沒有被讚譽衝昏頭腦，沒有忘記自省。

一九五二年的一天，詩人艾青帶著一副齊白石很久以前的畫，拜訪已經八十八歲高齡的齊白石，請他鑒定真偽。齊白石很認真仔細的拿出放大鏡看了半天，確實是自己年輕時候的作品。

他回憶起自己當年做這幅畫的情景，當即想用自己剛剛完成的兩幅畫和艾青交換。

艾青趕緊把畫收起來，抱在懷裡說：「您就是拿二十幅，我也不換。」

這件事情過去後，齊白石老人便開始進行自我反省。

他不禁感嘆道：「現在人們對我的評價都很高，連我自己都有點洋洋自得了，那天看了艾青的一幅十年之前的我畫的畫，讓我感觸很深啊，今天和以前相比，退步實在是太大了。」

從那以後，他開始練習最基礎的繪畫技術描紅，每天都堅持畫畫，從不懈怠。

正是憑藉著這樣一種孜孜不倦，謙虛好學的態度，即使是在晚年，齊白石的作品依舊繼續得到人們的尊重和喜愛。

面對問題才能解決問題，就如同面對自己性格上的缺失一樣，當我們開始試著把矛頭向內而不是對外，你將很訝異發現：你的轉變改變了周圍的環境，吸引了更多好的磁場，讓未來變得更加光明遠大。

10. 你需要的只是多點時間

原諒很難，但到最後你會發現，原來最難的，是如何才可以放過自己。

——《離開以後，你有沒有更自由》

說到人，要原諒自己很容易，但要原諒別人卻很困難，這來自於人的天性。我們總是可以找到任何的理由來自圓其說，卻對別人加諸於自己身上的傷害很難釋懷。

因為通常人們總會認為：「這又不是我造成的，為什麼我要平白無故被傷害？」千錯萬錯都是別人的錯，用這樣的念頭或許可以讓自己心中的痛減輕一些，卻仍難以彌補已經造成的傷害，甚至還會牽連更多的影響。像是你可能會失去一份工作、一個可以合作的伙伴、甚至是難得的友誼。

如果我們能靜下心來仔細去分析，難道我們自己真的一點問題都沒有嗎？

如果你夠謹慎，不僅提醒自己也去提醒他人，或許問題就不會產生。因為別人要怎麼做你很難控制，但如果能先要求自己、把握住原則，即使面對外在的誘惑或伎倆，我們也有機會躲過。

這就好比是不小心在路上跌了一跤，與其怪罪那顆讓你不小心踢到的小石頭，還不如提醒自己以後走路小心一點、別再東張西望，因為你永遠無法預測這樣的行為，下次會不會導致更大的災難。

那麼對於那些對自己造成傷害的人，剛開始要你選擇原諒當然很難，當下所有的情緒都會讓你聚焦在對方所犯的錯誤上，除了讓自己冷靜下來，沒沒有別的捷徑，唯有讓時間去撫平傷痛，等待理智恢復後再去分析：對方真的是有心還是無心之過？

對於那些個小人我們當然要閃過，而且慶幸你只會碰到這麼一次，從當中得到教訓。但對於那些只是無心的過錯，背地裡不是真心想傷害你的人，我們就要學會原諒。

能原諒他人的無心之過是一種肚量，也能為自己帶來更好的人緣

能饒過別人也等於是放過自己，不再在問題點上糾結。因為若無法原諒若無不斷去回顧那段讓自己憤憤不平的事件。當然這個仇就會越結越深，可能原本不是什麼大不了的問題，最後因為自己想不開而失去一段可能不錯的友誼，也讓自己活在不快樂的回憶當中。

至於他人的有心之過，則把它當作人生的一門課，如果未曾經歷慘痛的教訓，怎能讓你學會成長，變得更成熟更有智慧？重要的是，你從中學到了什麼，而不只是恨意。若說「感謝」那未免也太高調，這是只有神做得到的事情，假使你因此學會了如何避開小人，免於在未來的人生路上再重重摔一跤，那麼現在所受的痛苦就值得了。

法國作家莫泊桑曾說過：「生活不可能像你想得那麼好，但也不會像你想像得那麼糟。人的脆弱和堅強都超乎自己想像。有時，脆弱得一句話就

淚流滿面；有時，也發現自己咬著牙走了很長的路。」人生，一念之間，一步之間。創傷會因為時間慢慢癒合，那些恩怨情仇也會隨著時間淡化，學著放下就是不跟自己過不去。

看清楚所有問題的背後，可能不光只是一個人的問題，學會將來再碰到類似狀況你該如何處理，這才是你所能改善的。不要去記仇、也不要一味埋怨對方，有時候不也是自己放手才讓他人有機可乘的嗎？

學會反省然後改變，你需要的只是多點時間去消化那些別人所帶來的傷害，並從中得到更多智慧和成長。

11.失速列車

低潮、負面是很正常的，但我會在發怒之前告訴自己要冷靜，因為我知道當自己陷在情緒當中所說的話、做的決定都不一定是內心真的想要的，所以與其之後的後悔，當下冷靜更加重要。

——演員 孟耿如

畢竟人是感性的動物，每個人都會有失控的時候，那些情緒化的後果往往超乎我們所想像。為了不讓自己處於後悔的地步，首要控制自己情緒就變得相當重要。

我們常常會碰到一些相當冷靜型的人物，其實不光是我、相信很多人都會樂於跟對方往來，最大的原因不外乎：那些冷靜型人的人不光只是外表，也有相當的堅毅性，而且據我觀察，這些人通常都很有智慧，以致不管遇到什麼狀況都能自我控制，不會受到情緒化的干擾，當然解決問題的能力也在一般人之上。

因為當你可以控制情緒，就不容易被脾氣壞了事，能隨時以理智來解決問題，這就已經很難得了。

像是碰到了車禍，你會知道該處理的程序，而不是驚嚇得亂了調，貿然隨便移動了車而失去了蒐集事證保障自己權益的機會。甚至包括登山、旅行途中的種種意外，都可以因為冷靜而保住一條性命。當然也包括對人生最重要的事業跟婚姻的選擇上，你不會因一時的「腦充血」跟主管拍桌走人，或隨隨便便賭上婚姻，影響你的一生。

特別是對女生來說，結婚是一個人生重大的決定。俗語說：「男怕選錯行、女怕嫁錯郎。」太多的女人只是為了想歷經人生這個重要階段，急著想要一個家庭、能有個依靠，結果隨隨便便決定了對象，等到察覺嫁錯人之後才發現：一個失敗的婚姻真的可以毀掉人的一生，特別是在亞洲社會。不管你是不是對的一方、有沒有充分的理由站得住腳，一旦經歷過失敗的婚姻，不僅生活會面臨重大的轉變跟挫傷，對往後的影響也極深，很難跟單身時的條件相比，而能選擇的對象也大為縮水。到頭來又變得不得不屈就現實，陷入同樣的輪迴。

或許你並不這麼認為，但你真的要夠堅韌，還得保證有個很好的原生家庭支持，如果不是的話呢？還真需要在投入婚姻前冷靜再冷靜。所有衝動之下的行為，都只能獨自吞下後悔，等想再回頭，已是難上加難，這點需要特別注意。

人都會有一種自我防禦能力，有時來自自我、有些時候便是藉助外力，所謂的「外力」當然也包括了這類型能冷靜行事的人。就像是車輛的煞車踏板，總能讓我們在失控前做出適當的提醒，及時劃下停止線。

當然有些衝動是必要的，但也需一定的勇氣，在這背後相信你我也做過不少判斷，決定可行後才會按下關鍵的那個按鈕，然而一般而言，仍別讓理智蓋過情緒，才能永保平安。

或許你可以說冷靜是天生的，但這也能從學習中得來，古人說：「臨危不亂」就是這個道理。學會從情緒中抽離，暫時抽離那些令你混亂的思緒或空間會是很好的方法，或試著深呼吸、先讓自己即將失控的情緒冷靜下來再說，因為當情感蓋過理智時，所下的決定通常都不會有什麼好結果。

當我們學會控制自己的情緒，基本上在人生道路上就贏了一半，至少你很清楚自己行為的代價是什麼，就不會輕舉妄動。

未來充滿不確定性，但唯有你是自己人生的掌舵者，別人都不能代替你過好人生，也不能幫你決定些什麼，唯有讓自己調整在最佳狀態，才能做最佳的生命領航者。

2 hearts as 1

叫醒自己，放過自己

最幸福的時刻不是活得比別人好，而是活得更像自己。

——人氣 podcast 製作人瓦基

CHAPTER 03

展現自己的優勢，做出獨創性

1. 運用技巧來彌補

成就平庸和不凡的差異在於是墨守成規還是能變通思考。

——《仙劍奇俠傳》

不要總覺得自己比不上別人，認為自己不夠聰明、也不夠能幹，好像什麼事情都做不好，如果你懂得運用生活上的技巧，還是能讓你超前許多人，讓自己變得出眾。

記得小時候每當過年，家裡的小孩都會聚在一塊玩牌，不過最大部分的時間都是我陪著內向的弟弟在家。一直到升上國二後，一回跟才就讀小學高年級的弟弟玩著橋牌，忽然聽到弟弟像是忍很久了，開始抱怨說：

「我覺得跟你玩牌很無聊耶！每次都我贏。」

「為什麼？」我楞了一下。

「因為你手上有哪些牌我都知道了！」

我聽了嚇一跳，這才意會到弟弟的確是具有天才型的數理腦袋，不管是下棋或橋牌，我似乎都不可能是他的對手。

不過當姐姐的也不是省油的燈，立刻去搬出一套「大富翁」遊戲來，心想：算數我贏不了你、那靠機率的遊戲總沒問題吧！

果然，後來跟弟弟也玩得開心，也沒再聽他抱怨了。而且呀！有時我還贏了遊戲呢！

或許你認為這是「取巧」，但換個角度來說，這不也是一種「變通」的方式嗎？

如果我們只是一味的死腦筋，永遠只能在同樣的狀況裡繞圈圈，你想成為贏家是不可能的，卻又撞破頭不肯承認現實。

俗語說：「條條大路通羅馬。」有時此路不通，我們不妨繞個路，只要同樣可以達到目標，那又為何不嘗試看看呢？

就像我老媽說的：「別人看一遍功課就記起來，你比較笨的話就多看十遍一樣也記得住。」雖然講得我好像真的很笨一樣……不過要跟天才比，我當然是笨蛋階級，但其實我的功課已經算不錯的，只是要看跟誰比較。總之，這意思就是：就算天份比不過人家，但我們依然可以找到方法，讓自己勝出。

所以如果你有自知能力，知道自己的程度在哪，就別硬要去跟那些「天才」比。而是懂得運用你的長處，一樣可以追得上人家，和別人達到一樣的水平。

我所謂的「技巧」不是要你像小人一樣要手段，而是你可以嘗試不同的路子，擅用你的長處，一樣可以在某個行業中擁有你的一片天。

端看有些小吃做得好，連博士都要來排隊等，你可以不是航太工程師，但做出的螺絲釘任誰都要買單……人生有無限的可能，只有別把自己侷限在一個小小的框架中，才能將自己的長才發揮出來，擁有屬於自己的地位。

所以寫到這裡，你應該就了解了，我們其實不需要是某方面的天才，但我們依然可以做到某方面的專才。雖然我們會花更長的時間，比別人投注更多的心血與努力，但最後的代價都是值得的。反而是那些覺得凡事都很輕易獲得的天才，到最後往往人生不盡如意。

所謂的完美其實只需要將自己的優勢發揮到極限，那就是一種完美，而不是傳統所定義一個人的優秀與否。學著動點腦筋，讓自己思考更靈活，山不轉路轉，終究能找到屬於自己的一片天。

2.太多的資訊不見得對你有利

成長就是一種取捨的過程，篩選掉那些不適合自己的，保留住自己喜歡的。即便擁有的可能越來越少，相信留著的也是越來越好。

通常我們都會知道自己愛吃什麼、不喜歡吃些什麼，又吃什麼食物對身體有益，只是當我們在面對大量資訊時卻往往被迷惑，不知道看了哪些「有害」的資訊，潛移默化的中了毒。

的確，資訊流通有它的方便性，讓我們能更容易獲取經驗跟知識，但相對的也剝削了我們的時間跟選擇權，甚至是「被強迫性」的接受某些觀念或事實。這有點像是「眾口爍金」的道理，洗腦洗的次數多了，就讓人還真以為是那麼回事。

那些不斷被曝光的消息，逼得每個人好像不多看一眼，就會被潮流淘汰一般……然而事實真是這樣的嗎？往往等消息過了一陣子平息後，你反而覺得自己被當兔大頭耍，這就是不主動去過濾資訊的後遺症。

我們該知道，在接收訊息時，控制權在你的手上，如果不善用這種選擇的權力，你就可能被資訊牽著鼻子走，不斷被一些無用的資訊跟媒體消耗寶貴時光，讓你過度沉溺在無用的資訊上，一點一滴偷走你的時間，浪費你的生命。

就像有所謂的「大數據」正在網路上抓緊觀看者的胃口，大量餵食你曾觀看過相關的訊息。就拿很簡單的例子來說：

你應該有跟我同樣的經驗，在網路上看了某一則短片後，會不斷跳出類似的短片吸引你流連，或是當你在網路上買了某一項商品，結果莫名其妙又跳出一些廣告，販售的價格竟比你買到的更低……這讓你相當扼腕，甚至還忍不住又下了單，於是正好跳進消費的陷阱裡。

這就是一些最好的例子，提醒著我們當成為被動的角色時，你會是最好宰殺的那頭羊。

因為不懂得把控制權抓在手上，所以你很容易被牽著鼻子走，你不知道何時該放下手邊萬惡的手機，去做你該做的事。你會受到幕後的有心人操弄，讓你筋疲力盡，搞不清楚方向。

當然我們不需要去排斥那些先進科技，把自己搞得像山頂洞人一般，而是要懂得「善於」利用這樣的工具，為生活找到更多的通路而不是障礙。放到了我們現實生活中，缺乏計畫也跟流連網路一般好似行屍走肉，隨便逛個街就手上一堆商品，回到家才發現大部分對你是無用的東西。缺乏工作生涯明確的目標，讓你東做西做，到頭來一事無成。

當你接觸到大量的資訊，必須得明確知道自己閱覽的目的，而且懂得去蕪存菁。遇見那些無聊的東西能馬上知道要扔掉、避開，只搜尋你此刻的目的。就如同交朋友一樣，一旦發現對方跟你調性不合，最好馬上離開，就算扯個不傷人的小謊也沒關係，拖拖拉拉的結果只會讓你更覺得不舒服，甚至受到對方的影響，那就很糟糕了！

我們不應當害怕面對新的資訊，更不需要因為看了某些新聞就有如驚弓之鳥，就像我某位朋友竟然連銀行的轉帳功能都關掉，以免跌入詐騙集團的陷阱，結果搞到自己很不方便。我們應該接納、然後從中學習如何處理才最恰當，你才知道如何避開那些危險，獲取最有利的地位。

總之，沒有人強迫你一定要跟隨對方，如果有的話，那是你自己心魔造成，你可以毅然決然的斬斷那些不好的訊息，一切由你主導，這才是一種有智慧的生活方式，而不是輕易相信別人告訴你的，或是任由資訊殘害你的腦袋。

3. 走在對的路上

「這世界上，那有容易的。而且常常很努力了，卻不見得能立刻感覺到這些努力產生了什麼價值。甚至可能根本白費工夫！」這樣的對話，其實常常出現在我的心裡。但我總是跟自己說，確定自己的初衷正確就好。

——《ELLE》雜誌國際中文版 全媒體總編輯 盧淑芬

誠如前面所說的，沒有一個人是完美的，你必須得承認自己有許多的缺陷，也會犯下一些錯誤，但重要的是，別忘了原本的初衷，這樣才能在不小心走上岔路時及時回頭。

在我們成長之後會發現，這世界比我們想像中更複雜，隨時都會受到許多人事物的干擾，讓你把持不住自己。這當中可能是同儕之間的相互比較、師長親友們的洗腦，讓你選擇了一條不適合自己的路。表面看起來符合這社會的成就標準，但對你而言呢？有沒有想過你快樂嗎？

沒有一個人走錯了路會覺得得意非凡的，反而是當我們做了對的決定，接下來才能越來越順利，從中得到許多樂趣跟成就感。

有些人很早就知道自己要什麼，但有些人卻必須經過一番摸索，最後才能決定什麼是最適合自己的。為了避免走冤枉路，有一個很簡單的方式，就是可以從童年的印象中找尋。

因為那時是最天真、最不受到外界污染的年紀，你所有的想法、對未來的渴望都是最純粹，打從內心出發的。或許現在看起來有些無厘頭，但總有些蛛絲馬跡可循。

像是我小時候曾經夢想要當歌仔戲演員，起因大概是很著迷當年家附近經常在節慶時來公園的表演團，上頭的演出讓我看得如癡如醉……。這當然在我漸漸長大後會發現完全不可行，因為你生長在一個士大夫家庭，更何況家族中跟表演沒有任何淵源。但有一點是我喜歡閱讀，也特別愛看一些故事書跟報章雜誌上的小品、連載等等，加上後來發現自己的個性畏縮，根本不適合站在大庭廣眾之下表演，因此愛看戲的個性便成了在紙張上描繪出藍圖。回想最早開始寫起小說是國中時，那時純粹是喜歡寫下自己幻想出來的劇情，也沒去投稿或發表。但就因為這種純粹的喜好，沒想到日後卻讓自己走進文字創作的天地。

這不是在標榜著自己有多厲害什麼的，而是你所適合的道路往往很早以前就有跡可尋。或許事情並不像你小時候想像的那樣，但總是能找出相關的模式，作為你日後前進的目標。

有些人從小喜歡敲敲打打，可能日後選擇了土木工程系，有些人愛下棋、愛解方程式，那們可能成為工程師或數學專家，這就是每個人不同的本質。或許你會覺得自己喜歡音樂，但苦於沒這個環境，但你也可以成為很好的鑑賞家，並讓音樂充實你的生命、安撫你的靈魂，這也是不錯的選擇。

說得嚴肅一點，這就像人的天職，每個人都會有與生俱來的天性，朝向適性發展也許不能讓你變得大富大貴，但心底是踏實的，也容易在此找到生命的滿足。這還可以讓我們少走些冤枉路，早點找到自己適合的人生方向。

不用害怕，每個人不都是這麼跌跌撞撞一路走來，才知道什麼才是適合自己的嗎？這當中包含了許多的犯錯，但如果不是因為那些挫折，就無法為你帶來省思，讓你釐清什麼對你才是最重要的。而那些次要的問題就別在放心上讓自己過不去了，因為終究，我們得替自己的人生負責，而不是由身邊的大姑二嬸等碎嘴來告知你。

4.不要讓小小失誤阻擋你

請接受那些你不能改變的，去改變那些你能改變的——這才叫真正的自我接納。

——《自帶幸福的體質》

在生活中難免會遭遇挫折，有些人意志力較強，能夠不放在心上，但有些人卻會為自己的失敗耿耿於懷，如何調整這樣的心態，便成了我們該學習的地方。

英國發明家史蒂文生曾說：「與其祈求取得成功，毋寧因失敗而鬆懈。」

當我們遇到挫折時，首先必須認清事實：是自己的實力還不夠，或者是因為一時的疏忽所導致。通常許多時候是屬於後者，當我們為自己的失誤而深自埋怨時，千萬別陷入那樣悲哀的情境中久久無法自拔，因為負面情緒會導致我們退縮，甚至逃避，最後一無所成。而是要反省自己在哪個環節出了問題，為什麼會疏忽掉？下次可以再如何改善，如此才能將事情導向正面的方向，而不是無所謂的嗟嘆。

所謂「一朝被蛇咬，十年怕草繩」，當我們把挫折無限放大時，可能會導致生活的致命傷，影響之深遠令人難以想像。

這時你需要的，是讓自己沉澱下來，深深去檢討失敗的原因，而不是把它當成阻擋你前進的巨石。因為人一旦產生了畏懼之心，接下來就代表了怯弱、逃避，永遠會卡在那個難關之前難以突破。這才是人生最大的失敗，而不光只是那單一事件。

回到本篇的主題，你必須先學會接納然後改變，接納那些所有的錯誤，消化那些曾經犯過的錯，才能讓你產生更大的智慧跟力量，思及如何變好，而不是讓情況變得更糟。

一個懂得解決問題的人，通常能明白其中道理，因此我們常看到那些成功者，並不是他外在的光環吸引人，而是他的背後歷經無數的失敗，但他懂得認錯，然後改善，這才是一個具有智慧的人應當走的路。

當然我們會在挫折面前停頓，那是必然的，因為我們需要時間去思考、解決，而不是把它當成一座高牆而畏懼閃躲。這就像心中的一個結，如果不試著去打開，永遠都會在那個地方停滯不前，將來再遇到類似的問題，我們一樣會受挫，被失敗的陰影所籠罩。

千萬別讓停滯的時間過得太久，因為人都會有一種惰性，行動力隨著時間渙散而失去動力，這不僅對問題本身毫無改善，還會拖累到其他的事情上。這有點像「即知即行」的道理一樣，當你找出解決問題的方法後，就要立刻去實現，就算再次失敗也不怕，把它當成修理一個機器一樣，最後總能找出最佳的辦法，而這就是你寶貴的經驗，是誰也拿不走的。

切記！不要急躁，或許前進的路比別人晚些，但你要慶幸自己早一點遇到困難，因為只要跨越了那個難關，你比任何人都會更加堅強而有實力。並且牢記別過度放大你所遇到的困難或挫折，當你不畏懼，必能輕鬆跨越那道障礙，當你把問題看做簡單容易一點，你就有足夠的信心去化解。

我們要追求的是最後的結果，而不光是誰跑得快、誰早些功成名就。能成為最後贏家的人，永遠是累積到實力，而且能屹立不搖者。

5. 你不可能一無是處

如果一直在意缺點，只是浪費時間。

——諸星 渡邊直美

不要因為他人的評價而否定自己，同樣的，也別因為自卑先否定了自己的一切。

這聽起來很簡單，但在許多人的成長背景中，不知不覺就被灌輸了「自己不行」的觀念。這不僅可能養成自卑退縮的性格，還容易因自卑而衍生出「狂妄自大」，都會造成我們人生極大的損傷。

先來說自卑，影響的是我們觀看生命的格局，當你深怕受創，就更容易失去，失去面對挑戰的勇氣，便只得退縮在自己認為安全的保護殼裡。「不戰而敗」將如影隨形，最終總抱持著「這樣也好」的心態，侷限了我們的格局，也限制住我們的發展。

另一種因自卑而產生的自大也同屬脆弱，因為這樣的性格會造成喜歡藉由打擊他人而感到自豪，常常傷害了他人卻不自知。它所帶給人的不過是一時心理上的滿足，其實卻無法改善真正的脆弱，也給人一種自私的觀感。

如果我們無法改善這類自卑的性格的話，永遠很難找到真正的成就，而錯把「成功」當成「保護好自己就行了」這樣的念頭，無法讓自己成長，即使有一點點成績，也會因為一點小小的挫敗而全然瓦解。

要改善自卑型人格無須外求，而是從內找尋，善用你的特長幫助自己建立起信心。

我們或可用宗教眼光解釋：每一個人來到世上都有要完成的「使命」，都有特定的生命意義。所以，沒有人會是一無所長，也沒有一個人是完美無缺。當你能了解這點，就只需安心找尋你最擅長的事，從中找回信心。

像是有些人從小運動神經特好、有的老愛敲敲打打，做工藝一級棒；有些人看起來文文弱弱，但對音樂美感的感受力特強……這都是與生俱來的特質。如果無視於本身的優點，硬要往不擅長的方向去走，當然只會讓自己越來越沒有自信。

譬如說明明是具有運動選手的天分，卻硬要成為藝術家，具有藝術性格的人，卻偏偏要去當察言觀色的業務員，這之間當然會有衝突。一旦你硬著頭皮去從事你最不在行的事情，得到的當然只有挫折連連，甚至產生不如人的一種自卑感。

就像我從小愛好音樂，但小時候想進合唱團卻被打槍、彈鋼琴卻因為手小而常常感到灰心……這都是走錯了路，而這些並不代表你就不具有音樂天分或是鑑賞能力。

同樣一個目標都會有不同的路能到達，重要的是，去發掘那個最適合你的，而不是跟在別人屁股後頭，當隻盲目的蒼蠅。

如果你一直對自己所做的事感到灰心，不如就從嗜好中去發掘自己的特長吧！把這運用在生活或工作上，更能幫助你找到正確的方向，從成就感中慢慢的肯定自我。

千不要在乎別人說些什麼、或者因社會上的主流意識而改變堅持，風向年年在變，唯有你是不變的，也只有這樣，你才會是那個永不會被輕易擊倒的王者。

6. 你只是還沒做好準備

勇敢面對挫折與挑戰，夢想與命運將同時掌握在你手中。

——亞洲最佳女主廚　陳嵐舒

有時，我們難免在重要時刻、最關鍵的時候把事情搞砸了，這時心中難免充滿憤怒，對自己不滿的情緒如潮水般湧來，深深的怪罪起自己，也因此失魂落魄好一陣子。

會有這樣的情緒是很正常的，通常我們越看重的事，得失心也會顯得越重，一旦失敗，往往會對自己產生深切的厭惡，埋怨起自己的無能、魯莽，甚至對自己失去信心。這影響不可說不大，甚至連帶影響到往後的人生觀。

這一點經常可以從一些失敗者身上看出端倪，你會發現很多人生陷入低潮的人們，通常在過往都曾遭受到重大打擊，使自己走不出來，以至於放棄了自己，讓生命從此一蹶不振。而人最怕的就是失去希望、失去期望，覺得自己一無是處，這將造成生活的重大危機，等哪天醒悟時才發現，自己已成為「低端人口」，再也回不去過往的生活了……

而唯一能讓我們重新振作的力量，並不是遺忘、而是正視問題所在。大部分的人都是錦上添花者多、雪中送炭者少，如果你因為做錯一件很重要的決策，能原諒跟鼓勵你的人少見，大多數人都是抱著看笑話的態度，或是用失望的眼神望著你，似乎訴說著：

「你真的很糟糕！」

然而事實上真是這樣的嗎？

如果我們乞求透過外在的因素來重振你的信心，還不如自我心理建設來得好。這也不是要你忽略自己的錯誤，或是替自己找藉口，而是放寬心去思量：

「你只是還沒準備好而已。」

過去學生時代的課本已經提過，太多偉大的科學家總是歷經無數的實驗失敗，最後才終於成功的例子，但在你遇到挫折的當下，卻將全數都忘得精光。

誰不會失敗？誰又是完美無缺？在人生路上一帆風順？那些最後能獲得勝利獎盃者，背後隱藏著多少挫折的淚水，是一般人都看不到的。一般人只會見到他人的風光，而不是那些失敗的過程，差別就在成功者堅持撐了過去，而一般人卻做不到。

既然沒有人是完美的，就一定會有出錯的時候，這其中原因太多：可能是太過於衝動，以至於嚐到失敗的結果。但這並不代表你不行，而是還需要更多的磨練與準備，這可以作為將來的借鏡而不是打擊。

檢討本身是為了修正錯誤、精進自己的智慧或專業，想著自己是因為實力不夠才導致失敗，下一次能怎樣做才會更好，那才是挫折教會我們的。

當然，真正會打擊我們的，往往是非常關鍵的問題，想要重新再來，需要無比的勇氣，但這正是一個考驗我們的機會，決定成與敗的樞紐。千萬別被一次的失敗影響而放棄所有努力，任何的付出最後都會有它的回報，端看你是把失敗當成一次教訓或是打擊。

與其自怨自艾，倒不如把用來怪罪自己的能量轉化成改變的力量，如何讓自己變得更好更強壯，這才是應當學習的功課。

相信自己能做到，堅持到底，上天終究會一個你個公道。有一顆求勝的心，而不是遇到挫折就畏縮，學會如何調整自己，在最好的狀態下出發，才能讓你更具有成功的機會。

7. 找出最值得關注的

人生一切做減法。只有容易滿足的人，才會容易幸福。

——演員　秦嵐

每個人每天所擁有的時間都是一樣的，你的八小時對別人的八小時而言，都是一樣長的時間，但為什麼別人可以製造出更多的價值來，而你卻只能渾渾噩噩的度過？這就跟我們怎麼運用時間很有關係。

很可惜的是，現代人越來越沒有方向感，我所指的不是迷路的那種方向感，而是對事情的輕重之分。有些人口口聲聲談理想，但身體卻很誠實，總是會計較那一行業輕鬆賺得多，又愛跟旁人比較身份地位……如果你未曾想一窺旁邊同事的薪水，恐怕已能列入聖人等級。

如果你那麼在乎房價，也夢想要擁有屬於自己的華屋的話，那麼，就別肖想又要談理想。這就是現實跟理想之間的差距。

這點聽起來複雜，其實整理起來卻很簡單，關鍵就是許多人把理想跟現實混為一談，以至於總是無法達到自己真正想要的生活，而陷入一種混亂的局面。我們必須承認，在很多時候理想跟現實是無法同時滿足的，就像魚與熊掌你只能取其一。

如果你想問哪一種才最重要，我覺得這點取決於個人，有些人可以為了理想，就算只能嗑饅頭、住茅屋也快樂無比，那就勇敢去追求理想。不過，大部分人並非如此，只要無法達到滿意的生活水平，就開始怨聲載道，那就真的別去談理想，趕快賺錢最重要。

所以說到這裡，其實答案已經很清楚了！每個人追求的東西不同，我們都必須為了最重要的目標而做出取捨。有人為了事業犧牲感情，但有些人一開始就把婚姻當成人生重要目標，這兩類是完全不同型的人，而採取的方式也很不同。

我曾經碰過很早婚的朋友，她羨慕著身邊某個朋友自由自在，擁有很好的事業發展，而自己卻老是找不到理想的工作。她很希望自己也能跟對方一樣，但為什麼卻老是在工作中碰壁，在這個領域總是無法如願？

經詢問之後，才知道她好幾次碰到真的有興趣的工作，但礙於家庭，經常會請假、無法專心投入等等而錯失機會。這一切就很明顯的已經有了答案，只是她不願承認而已。

這就是兩種選擇：你選擇能兼顧家庭的工作，或是可以像自由之身完全投入工作，即使必須遠離家庭出差等都能全然配合，才有可能成為那個想成為的人。如果不是的話呢？那還不如安於現狀，維持一個家庭的和樂安康也是另一種「成就」。

凡事都有兩難，很少有十全十美的選擇，你只能做出最適合你的決定，然後全力以赴，那也是一種圓滿。選定一個對我們最適合的方向，就算會有缺失，但至少你也不會覺得遺憾了！

端看那些能有所成的人通常都會善用「刪去法」，會因事情輕重排定先後次序，總是先去做那些最重要的，如果沒時間花在次要的事情上，即便損失了那一塊，卻也無傷於前程。而許多人卻忽略了這一點，以至於莽莽撞撞、做東做西，到後來一事無成。

就像我早期在台北上班，早習慣了那種緊湊的節奏，當回到中南部鄉下時，往往聽到一句：「吃飯皇帝大。」這讓我很不能接受。差就差在當你手上有一件很重要的事情要解決時，那些無所謂的人會把「時間到了要吃飯」當作頂頂重要的事，寧可放下工作去餵飽肚子，可是卻忽略了：如果沒有了工作，你還能這樣大吃大喝嗎？這就是節奏的不同，對事情輕重的看法不同，而影響我們變成什麼樣的人。

接受那些令你感到遺憾的小問題，專注於能為你帶來成就感或快樂的大方向，這就是我們當追求的人生，而最終才能讓你得到滿意的結果。

8.
跟自己競賽

今天的你比昨天進步，你就是比昨天的自己更好。

——像劇男神　賀軍翔

當我們了解到自己不可能贏過所有的人，但我們可以變得比昨天的自己更好更強狀時，那也是某種形式的「勝利」。

美國的企業家華納威格說過：「成功的祕訣就在於——盡力做好你應該做的事吧！」

當我們不斷尋求外界的肯定，想跟旁人比較時，往往因為得失心過重而失去了信念，忘記原本的初衷。在求勝的過程中，你知道自己真正的方向在哪裡嗎？又是為何而戰？為什麼要贏？那絕非只是勝利這麼簡單，而是希望追求那種肯定跟榮譽感。而真正的事實是，我們其實並不是真的需要贏過每一個人、爭取每個第一，重點是是激發在我們內在求好求善的心。

每個人都不甘落人於後，我們都希望能夠成功贏得別人的欽佩，但是如何做、怎麼做，又是一個關鍵的重點了。

當你只想不惜一切代價超越旁人的時候，一旦走偏、可能用了不正當的手段，這時已經不是一場光明正大的挑戰，即使得勝，也未必能受到肯定。若是捫心自問，選擇來場光明正大的競爭，但一次的勝利又是否能代表你之後不會再被打敗？

我們可以從很多國際賽事中看到，那些贏贏輸輸永遠不可能有個定論，而我們的勝利也不過是一時的，隨時還是可能被更優秀的人所取代，這是不變的自然法則。

當我們鎖定單一對手做為目標的同時，你可能在想盡辦法、不計代價的贏過對方之後，往往會產生一種失落感。因為你的目標已經達成了，然後呢？繼續尋找下一個？還是就此停滯？

如果曾經有類似經驗的人，就能體會我所說的，得勝的欣喜往往只是一瞬間，之後常常會產生一種失落，那就是一種勝利後的孤寂，甚至讓人失去了方向感。

人會因為有目標、有挑戰而對生活燃起熱情，帶給自己積極的活力，一旦那個目標消失了，你還知道自己下一步該做什麼嗎？

一個真正的贏家並不是因為打敗了對手，而是不斷超越自我的成就。就像是滾雪球一樣，追求永無止境，才能不斷創新跟進步。當他們暫時停下來回頭一看，才會發現自己已遠遠超越同儕，這才是一種真正的成就。

所以這正說明了，我們的成就感不一定要來自於外界，而是自己給予的。相信每個人都有無限的潛能，你永遠不知道自己的極限在哪裡，挑戰自己要比戰勝他人的難度高出許多，但卻能帶來無窮無盡的動力。透過對自己不斷的要求，才能持續站上人生的高峰，而不是計較誰輸誰贏，不是要花招跟手段偏離常軌。

當我們一直想去跟別人比較，將永遠比較個不完，有時只會加深心中的挫敗感而已。畢竟不是每個人天生資質就這麼優秀，你必須承認這點，然而這些都是可以透過不斷給自己設立目標而改變，就是不斷超越自己，讓自己變得更加完美。

9. 提升效率

去做自己真正喜歡的事情，反正失敗就失敗了，又不是沒慘過。

——社群女王　曾之喬

許多人很擅長規劃、善於編織夢想，但真正能落實執行的卻少之又少。這也是為什麼社會上大部分人都是平凡者，而成功者卻寥寥可數的原因。這正說明了執行力往往是人們最欠缺的一環，要描繪夢想很簡單，但要落實又是另一回事了。

我們耗費太多時間去談論夢想，然後又抱怨時運不濟、然後像鬼打牆似的把時間浪費在毫無意義的瑣事上，盡撿容易的事情做，於是時光就這麼一點一滴的消逝，自己卻還依然站在原點，沒有任何動靜。

當你看到那些成功者是如何善於運用時間，請想想自己又是怎樣的過了一天？當下就可以知道為什麼我們會離成功那麼遠，而別人早已經達到夢想的彼岸。

如果懂得去觀察那些能達到理想生活的人，他們可能未必是最聰明的，在求學時代成績也未必是佼佼者，他們最大的技巧無非是：「善於運用時間」，別無他法。

當一般人把一小時當幾分鐘來用，他們卻能把幾分鐘發揮成一小時的效率時，時間一拉長，他們所達到的成就，當然比一般人高出許多。因為他們的時間成效比上一般人的時間高出許多，無形中像是多出更多的時間，因為他們一點都不會把時間浪費在無意義的事情上。

時間對任何人都是公平的，我們的一分鐘不會比那些有成就者的一分鐘少，而成效卻是拉開成就最大的原因。

或許我們可以找出許多的原因跟背景來為自己開脫，說明自己無法有所成就，雖然不求跟那些知名人士一樣有著轟轟烈烈的成績，但至少我們可以學取別人的精神，來改善自己的生活。

善於利用時間並非要你跟無頭蒼蠅似的，不斷工作、分秒不歇，相信那些能爬上人生顛峰的人也不會如此，而是懂得如何讓時間發揮最大的效率。以下有幾點提供參考：

首先當然就是善於時間管理。如何在很短的時間內達到最有效率的運用，說穿了，除了「效率」還是「效率」。如果你可以在短短半小時內做到別人需要好幾個鐘頭才能完成的事，等於你的時間就比別人多出了好幾倍。

不要以為沒事把自己搞得這麼忙幹什麼？這麼想你其實就大錯特錯！你會發現那些看似忙碌的大老闆，他們才是永遠能擠出空餘時間的高手。這就在於當你越能發揮時間的效率，你所能掌控的時間越多。哪怕是想忙裡偷閒去游個泳、跑去深山裡透透氣，都能抽出時間。

依照事情重要性的先後次序

懂得如何依事情的重要排序，先做那些最重要的，就算排擠到那些次要的事情，最後沒有時間去消化，但至少你已經對自己有了交代，可以高枕無憂。

而大部分人會把生活搞得一團亂，經常大喊「時間不夠」「我沒時間做這做那的」，最主要原因就是不善於把事情分類，不知事情輕重的分別。於是先花了大量時間將精神擺在那些雞毛蒜皮的問題上，以至於真正該處理的重大事情沒處理，或等到要處理時已經沒時間了。

要知道時間是不等人的，有些事情會有它的急迫性，如果我們不懂得善於規劃的話，就會把自己忙得跟陀螺一樣，到頭來卻經常發現一場空。

分心是大敵

最後一點也是大部分人常犯的毛病：無法專心。總是這做一點、想到別的事情又那做一點，以至於最後什麼事情都做到一半，沒有像樣的成績出來。

尤其現在資訊網路發達，常常讓我們很難控制自己的欲望，明明該處理今天交辦的事項，卻忍不住想點進去看一下社交媒體、看別人談論著什麼。或是某個跳出來誘人的商品網頁，以至於不知不覺就花了你大量時間。這都是分心惹的禍。

因此這方面的節制很重要，訓練自己先能心無旁騖的把手上的工作做好，再去看那些有的沒的網站，把那些當作是一種休閒或犒賞，慢慢養成專心做一件事情的習慣，這也是管理時間的一大重點。

懂得利用時間其實也等同自我控制的能力，當你提高了自律的能力後，也就沒什麼能難得倒你的，更何況是對時間的利用上面。

10.成為一個解決問題的人

靠著貶低或詆毀對方來讓自己好過一點，認為對方是因為能力不好，所以嫉妒心作祟而故意刁難。但這樣的想法很有可能變成自我安慰的鴕鳥心態，並不能真正解決問題。

——《累死你的不是工作，是有毒同事》

與其要為自己設定一個至高無上的藍圖，還不如讓自己成為一個「能解決問題的人」，如此才能讓自己不斷突破困難、不斷進步。先不要要求一步登天，而能一階一階走得踏實穩當，那麼你所渴求的理想遲早都能達標。

有些人太急於追求名利，總想著可以馬上就到手，於是忘了去精進自己的實力，以至於即使到手的成就，也可能一夕間化為幻影。要了解到任何的名利只是外在的「假象」，可能是因為一時機運好、或是剛好得到貴人相助，才讓自己平步青雲。但如果不具備相當的實力，就得明白「高處不勝寒」，隨時都有走下坡的可能。

人不用求凡事都能做到最好，但懂得解決問題，將能帶領我們超越自己，比別人更勝一籌。藉由解決問題而得到他人的肯定，自己也能從中得到寶貴的經驗，這可能比什麼還寶貴，也超乎表面得到的光環。

能解決問題聽起來簡單，但做起來卻並不容易，首先我們就必須先具備了負責任的態度。光是負責任這點其實很多人就不容易做到了，像是我們常常見到路上有人不小心跌了跤、或是發生車禍，真正能第一個跑上前去幫忙的就少之又少。大部分人都是看到別人有動作才願意跟著去做，這放在我們面對問題時也是一樣。

對於很多不合理的要求、不當的作為，大部分人都寧可選擇沈默，最好是有其他人發聲或幫忙解決，然後自己躲在角落等待收割……但你可能沒想到，真正得利的其實是那個勇敢解決問題的人，因為他容易被注意到，而不是那個躲在角落等待收割的取巧者。

就算具備解決問題的能力，也必須自己本身能擁有敏銳的洞察力，把自己所學到的知識經驗用在上頭，就算自己能力有限，也懂得善用資源，結合他人的長才把困難解決，也是一項本領。

另外有些人抱持著，只要花時間去等待，事情總會自然而然得到解決……但天底下沒有白吃的午餐，你不去行動，問題永遠擺在那不會消失，只是你裝作看不見而已。而這樣的問題可能會不斷牽絆著我們，成為前進的絆腳石。

讓自己成為一個解決問題的人，而不是製造問題的人

我們可以看到有些無能、笨拙的人，他們之所以會造成別人負面的印象，就是在於喜歡「掩飾太平」，喬裝自己像個能人，當假面具被拆穿之後，只會惹人更加的厭惡。他們往往不會解決問題，反倒成為一個麻煩製造者。

很多問題其實都是可以預見的，一個只想逃避問題的人，即使問題都已經擺在眼前了卻無動於衷，更何況要他們擁有高瞻遠矚的眼光呢？沒能事先看到問題的發生，只會讓問題像滾雪球一樣越滾越大，說實在的，自己也得承擔一些責任。

我們應該抱持這樣的信念：所有的困難對我都是一種挑戰，也是讓我們成長進步的動力，不要害怕麻煩、更不要畏縮，只要勇於承擔，一定可以找到解決的方法，我們也能從中獲得更多的成就。

11. 懂得爭取而不是光會嫉妒

人生中的很多事還是應該去爭取，去主動，去「強求」的，別裝得瀟灑，苦了自己。

——《活著不是為了討好你，我想取悅的是自己》

嫉妒是很可怕的因子，它不僅會對他人造成傷害，也腐蝕了人心。不知道有多少人，在看到了別人得到自己夢寐以求的東西或獲取到成就時而心生嫉妒？「嫉妒」就像是心裡長了蟲一樣，不斷鑽來鑽去，提醒我們它的存在，把我們搞的坐立難安、痛苦不堪。

「嫉妒」跟「羨慕」是兩回事，羨慕還可以說是輕微的心理反映，對一種理想跟幸福的渴望也屬正常，但嫉妒就不是這麼一回事了，它會把我們的心推向地獄，開始激盪出許多負面的思維跟手段，甚至想把別人擁有的搶過來而不惜代價，這等於是跟魔鬼打上交道。

莎士比亞曾說：「嫉妒易令人惹煩憂。」

明明是平靜無波的日子，卻因為看到別人家的好而對自己感到不滿，於是許多情緒都一湧而出，覺得「為什麼有人可以這麼輕易得到你想要的？」、「為什麼我努力這麼久，對方卻可以輕易取得成就？」更偏差一點的念頭，變成了你想去霸占別人的成就、千方百計去攻擊對方，好讓他跌落神壇等等……這時惡魔已經占據了你的思想，原本寧靜的心起了波瀾，讓人變得不再是原來的樣子了。這正說明了嫉妒令人發狂，使人失去了本來的風度，這時就算再美麗的人兒也會變得醜陋無比。

這就像是一場暴風雨打亂了原本平靜的湖面，擾亂了人們原有的生活，然而這全然是我們內心起了變化，而不是現實中遇到了什麼挫折跟困境。

的確是的，在我們不如意時若遇見了那些過著自己夢寐以求的生活，享受著我們追求不到手的成果的人，難免心情會受影響。但這時正考驗著我們的定力，你可以投以羨慕的眼光，敬佩著這樣的人，也可以是嫉妒得紅了眼，開始對生活感到憤憤不平……這一切都取決於我們的心態，將產生不同的後果。

當我們在羨慕別人的同時，也別忘了回頭看看自己現在所擁有的，真的會比人差嗎？

或許你沒有對方的光環，但你所擁有的可能是對方得不到的，如果我們不懂得珍惜，那麼再多的物質、名利也填不滿內心的欲望。

任何事情有得必有失，沒有人的生活是十全十美，即使別人得到你所夢想的成就或生活，必然也有他背後付出的代價。平凡人有平凡人生活的自由幸福，至少隨心所欲這回事就是名人所欠缺的。想想，你可以穿個拖鞋、邋遢的家居服到樓下買個便當，雖然看似普通的行徑，對某些人來說卻是如此困難，這不也是幸福的一種？

這世界充滿著自然法則，只要是強取而來的東西，很容易就會流失。因此當我們去妒忌別人時，想的不該是如何從別人手中奪走一切，而是想辦法讓自己變得跟對方一樣好，努力去獲得你所想要的東西。這才是一種正面積

極的想法。也因為如此，你會對這樣的人出現在你周遭心存感激，而不是怨恨。

如果我們能把「嫉妒」轉化為正面的力量，它將會是你生活的強心針，能為你建立美好未來產生一股動力。這時不如轉換這樣的想法：「為什麼對方可以我不能，我有比別人差嗎？」抱持這樣的念頭，進而督促自己成為更好的人，這才是一種真實的收穫，而不是無邊的怨尤。

叫醒自己，放過自己

沒有目標的努力叫忙碌，有目標的努力才叫奮鬥。

CHAPTER 04

可以看淡一切，但人生需要目標

1. 不要想成為別人的影子

比起花大把的錢去模仿他人，好好工作、好好做人才是王道。

——《東京女子圖鑑》

這世界原本就有一種隱形的區分：強者或弱者。強者像是渾身散發著光芒，讓人不知不覺想接近，成為群眾目光的焦點，讓很多人想變成跟對方一樣的人……

於是很多人以此為目標：「我想成為XXX」這樣的念頭，讓人情不自禁的模仿起對方的模樣、說話的方式、打扮的型態，以為這樣就能跟對方一樣，擁有一般耀眼的光芒。

就廣義來講，這不是件壞事，你所崇拜的對象一定是成就超前於你的人，但壞就壞在，如果因為過度崇拜而變得失去了自我，那就變成一種迷失，而不是益處了。

模仿在某方面不是壞事，甚至能激勵我們更上一層樓，藉由模仿到擁有屬於自己獨特的風格，但如果只想取代成為「某某人」，那麼就很容易陷入一種窠臼，逼自己走入死胡同。

對一個人產生欣賞跟愛慕是很自然的，從小到大我們都可能有不同的景仰對象。甚至連在家中我們都可能去崇拜某個長輩或兄弟姐妹。尤其是女生天生比較纖細敏感，容易因為自己的弱勢而去崇拜某個姊妹。甚至會因為父母的偏心，更促成這種心理上的不平衡，而造就某種自卑的現象，這樣的心理往往會影響到我們一生，除非你能在長大後以成熟理智去修補那樣的矛盾心態。

就算是就學我們也可能會有這種情結，等踏入社會後接觸的世界更廣、更為複雜，我們可能欽佩的對象也不一樣。我們仰慕著那些帶著光環的人們，或許因為才華、金錢或地位，都可以讓我們情不自禁的成為一個膜拜者。

而那些政客、藝人最需要的也是這些，沒有群眾的仰慕就失去他們的舞台，於是他們盡力展現自己最好的一面，讓崇拜者越來越多，對他們是越來越有好處。如果你是其中一個，很容易被那些外表形象跟群體膜拜所影響，而逐漸失去自我的判斷力。

過度崇拜一個心目中的偶像，可能藉由學習對方的一言一行，好滿足現實中的缺憾。卻不知不覺中讓我們失去了自我，而成為追逐他人的「影子」。不管對象是來自家庭中的一分子或是同儕、社會中那些名人，你必須很清楚的明白：「你不可能成為他（她），他也不可能變成你。」所有的想像只是因為距離而產生出來的美感。

事實上，你的生活並沒想像中的那麼糟，對方也沒如你認為的那樣完美，不過是對方有對方的成就，你也有屬於你的人生，過好自己的生活才是最重要的。而且慎選你所仰慕的對象，那應該是一種模範，不該是阻絕你追求人生的障礙。

欣賞跟盲目崇拜是兩回事，懂得欣賞別人的人是具有個人意識，能接納別人的優秀，而盲目的崇拜則讓人失去自我，進而否定掉自己擁有的一切，而成為別人光環下的陰影。

學著從欣賞他人而激勵自己改變某些缺點，成為努力向上的人，這才是我們所得到的正面意義。簡單來說，就是不要在比較中成長，而是以他人的成就作為自己努力的方向，這樣才能讓我們更為獨立自主，也能擁有屬於自己的一片天。

2. 找出崇拜的理由

信念就是你的超能力。

——《ELLE》雜誌國際中文版　全媒體總編輯　盧淑芬

在我們一生中或多或少都會有崇拜的對象，這點也會隨著年齡層的不同有所改變。光看那些藝人偶像通常都是年輕族群追逐的人物，這你我都有經驗。現在再回頭看，不禁也會為當年的瘋狂感到很莫名其妙！也只能說是只剩下一抹青春的回憶。

或許我們以為人隨著年齡逐漸成長，就會失去那種狂熱，但很可惜的，很多時候我們雖然身體成熟了，仍有不少人還停留在少年的心態，一直覺得自己需要個「偶像」來崇拜——或者我們也可以說是一種依戀的心理吧！於是你看到網路的興起，許多人又擠在網路裡成為某某名人的粉絲，藉由社群媒體的互動形成另一種「偶像崇拜」現象。

所以，我們到底是真正長大了沒有？

弘一法師說：「當你的修為越來越高時，就會開始真正理解周圍的每個人。沒有好壞，沒有對錯，只是他們處在不同的能量頻率當中，顯化出不同的狀態，做出不同的選擇，有了不同的語言和行為。明白了這一點，你就會生出真正的愛和慈悲，就會允許、接納、包容、善待、以及真誠。」每個人都是一個獨特的存在，像一顆星星閃爍在宇宙的廣袤中。如果你能把目光收回來，發掘自己的積極特質，而不是崇拜和羨慕別人，就可以像你所崇拜的人那樣取得成功。

許多人會以為藉由跟偶像的互動就能從中找到一些肯定，以為你也變得跟對方一樣，像是常相左右的朋友一般。卻忘了那些社群媒體上的發言，不過是你想像中的偶像另一種經過修飾後的表象，其實跟我們小時候追逐影劇圈的偶像沒什麼兩樣。那些人其實並不會成為你真正的朋友。

真的關心到你的生活起居，當你生病時帶你去看醫生，當你心情不好時陪伴在身邊聽你訴苦，在你開心時與你一同歡笑慶祝……那些不過是高掛在天上的幻影而已，你卻以為你也跟對方有同樣的高度，和他們生活在同一個圈子。

為什麼我們會需要偶像

回過頭來看，你眼中那個「完美的偶像」也需要像你這樣的粉絲來聚集人氣，因此他們就像所有被包裝過的藝人一樣，看起來和藹可親，在某種程度也療癒或滿足了我們內心的空洞。

也許更貼切一點來說，我們所崇拜的對象其實恰好是滿足了我們所不能成為的那種人物：美麗大方、溫文有禮的紳士或淑女、學識豐富的智者、或是充滿正義感的強人等等……

那麼你所崇拜的是哪一種對象，很可能正巧是你所缺乏，而且希望成為的人物。因此偶像崇拜並不全然不好，在另一方面正巧可以反映我們的內在，可以作為我們檢視自己，並且努力改進的目標。

如果你因為「偶像」的一席話改變了自己，激勵你向上的決心，這是一種好的作用，而不光是停留在「只會用愛慕的眼神遙望」。因此選擇什麼樣的名人當作我們的崇拜對象，也是一種慎重，以免自己陷入一種盲目的狀況，輕易被洗了腦、做出不智的判斷。

你必須認清楚的是，那些「偶像們」也是人，他們也平凡如你我一般，會有得意的地方也會有許多弱點。他們給外界看到的往往是他們最好的一面，並不代表他們就是如此完美無瑕。

或許我們人生中有一個模仿的對象是好的，他能幫助我們更認清自己，知道自己的不足，懂得努力往哪個方向前進。但切勿跟年少時代一樣盲目，也別因為崇拜那個偶像讓自己太過荒廢時間去關注，多多把焦點擺回自己的生活，這才是一種正確的態度。

3. 你是無可取代的

想要無可取代，就得與眾不同。

——嘉布麗葉兒・波納・香奈兒（CoCo Chanel）

雖然我們可以去相信「人性本善」這件事，但很多時候我們卻不得不承認，社會上存在太多負面的聲音，不斷想打擊人們所堅持的決心，否定一個人的存在價值。光看許多網路社交媒體上的酸民就好，常常躲在那放冷箭、放話毫不負責任，全然不顧被攻擊者心理受到多大的創傷，那麼我們該如何自處才能避免掉那些傷害？

在現實生活中我們很難防暗箭傷人的小人，有些甚至是明著來以貶低他人為樂，讓人躲也躲不過，很難避免遭遇到流彈波及。不過有人面對那些扁損的話語可以一笑置之，但假使不是呢？心理不夠堅強便很容易感覺受傷，甚至陷入長期的鬱悶，尤其是那些情緒敏感的族群，特別容易受到動搖，不禁會對自己產生懷疑：

「我是真的這麼糟嗎？」

「為什麼這麼多人要罵我？」

答案當然是否定的，除非你已經先放棄了自己。要知道有些人能力不足、或是心存妒忌，講出來的話就可能偏離事實。那些小人會因為想抬高自己的身價，以一種打擊他人的方式來出手，一旦你受到影響，便是正巧中了這些心懷不軌者的計謀。

所以無論如何，我們對自己都應該保持著正向肯定，不要因為他人的三言兩語所動搖，只要關注在你該關注的事情上就夠了，而不是那些流言蜚語，更別說是那些好事者的言語，因為他們不必對自己的行為負責，然而一旦你受了影響，就得在人生中承擔痛苦。

其實這中間也牽扯到「自卑」的問題。越是自卑的人越是容易受到外界的干擾，別人一句讚美或扁損的話，對他們都好像天大的消息一般，情緒因此忽高忽低，這對自己的心理是很不健康的，而且一旦被看穿，更是特別容易成為他人攻擊的對象。

為什麼我們無法有充足的自信，而把自己的人生交到別人的嘴上？這可能來自過往家庭或學校生活，曾經被過度的壓抑，以至於對自己缺乏自信。而因為這樣，讓我們很容易否定自己，容易被洗腦，甚至陷入盲目的崇拜他人等等狀況，因此想法總是搖擺不定，不知道自己的方向在哪。這對我們的生活是很危險的，將導致你容易成為他人利用的棋子，而毀了自己的未來。

也許自信對許多人來講很容易，但對某些人來說，特別是容易自卑的人，最需要的是藉由一些小小的成就來肯定自己，一點一滴的增加自己的信心。

如果你願意花點時間去審視自己，從小到大，你一定也有被稱讚的地方，有讓別人羨慕之處，或許是對音樂、對美的敏感，也可能是運動能力特別強……只是這些常會在你進入社會後似乎派不上用場，而開始對自己產生了否定的悲觀意識。這時不如多嘗試一些工作，或是去接觸一些你有興趣的活動、參加一些社團，可以幫助你發現自己的優點，找回自信心。

認知沒有人是一無是處的，只是你還沒發現自己的潛力而已，有些人手特別靈巧，可以做些出色的工藝；有些人喜歡閱讀，進而發現自己寫作的天賦；有些人聲音特別美妙等等……找出屬於你的優點，並善加發揮，自然而然會發現自己的獨特性，並不需要依附在任何人的光環之下，你也具有發光發熱的能力！

當你開始肯定自我，就不容易受到他人三言兩語的打擊，更知道該把注意力放在哪個方向，持續朝你擅長的地方去發揮，塑造出一個完整的個體，而走出真正屬於自己的道路來。

4. 習慣和自己獨處

獨處是每一個人的課題，也是每個人天生的才能！我們都要練習一個人，懂得獨處的人，就會發現自己一直是完整的！

——柯佳嬿

人是很奇妙的動物，我們既渴望人群，又希望有自己的空間，在這兩相抵觸之下下，何求取平衡，就有賴我們的智慧了！

沒有一個人可以單獨的存在，從小我們就在長輩、家族的照顧下成長，進入校園跟同學的互動、乃至於鄰居玩伴……處處都可見社交生活。我們可以在群體中得到某種安全感，但同樣的，群體也可能抹煞掉我們某部分的性格，甚至不幸的壓抑了原本的自己。

譬如父母師長會期許我們成為什麼樣的人，這或許跟你的本性有所衝突。當我們跟朋友一起時，為了不破壞氣氛，你可能會勉強自己去配合他人。這些都是無可避免的，那麼到底什麼時候我們才能真正做回自己，展現真正想要的模樣？我認為是獨處的時間——這恐怕也是許多人害怕的。

能傾聽內心的聲音很重要，我們需要獨處時才能真正反思，在不受外界干擾下想清楚許多的問題。透過沉澱思考，你會明白自己是什麼樣的人，又希望過著什麼樣的生活，那麼到底為什麼在現實生活中卻背離了自己的想法？是因為自己不夠堅持，還是受到環境的影響等等……

人很難脫離一個環境或群體的影響力，往往因為身邊的人不斷告訴你應該怎麼做，自己連想都不想就一股腦投了進去，最後才發現那不是你要的。當然還有一種團體會試圖改變一個人對自己的認可，使人成了依附在別人意識下的犧牲品。

會失去個人的判斷力，其實都跟害怕被孤立有關，如果我們的信心需要靠團體來給予，那就不能說是真正有自信，只是找個安全的靠山而已。

一個有原則跟想法的人比較不會受到外界影響，能自己走出自己的路，當覺得一個群體不適合自己時，也能想辦法走出來，即使必須忍受孤獨，也甘之如飴。因為我們要追求的是來自自我的肯定，從培養自身的能力開始，幫助你找到那個獨特的自我，而不是攀附在任何群體之下。

眾所皆知，「英雄總是孤獨的」。其實就是說明那些被崇拜的英雄，他們的獨一無二才是受人景仰的原因。不過你不需要當個英雄，但卻可以證明自己的獨特性，你不需要討好每一個人，卻能自然而然受到喜愛，這才是一種自我價值的肯定。

不要害怕那些不具善意的眼光、更無須在乎那些跟你不同調的人，你無須跟那些人淌混水、受到洗腦，而改變原來的自己。如果壓抑的力量來自於你的家庭長輩，那你最好盡早學會獨立。

另外一點很重要的是：當你學會在經濟跟生活上獨立，才有可能找回原本的那個你。或許在中途會有很多的摩擦跟衝突，但這不光是你在學習、也在教育那些「關心」你的人，他們有時候需要放手，讓你去創造屬於你的人生，這才是讓你長大成熟的關鍵。

當我們能走出原本的舒適圈，接觸各式各樣的人之後，你才會慢慢體會到什麼才是真正的自我，就像你會自然而然跟誰要好，又感覺跟誰話不投機半句多，從人與人的碰撞中將能讓你更了解自己。

雖然我們極需要群體的互相合作，但千萬別在團體中迷失了自我，經常給自己一些獨處的時間，別害怕那種孤單，懂得傾聽內心的聲音才能幫你更了解自己，找到最適合你的未來。

5. 放大自己的世界

人不要活得太敏感會比較輕鬆。

——《在都市窩居10年，我過得還不錯》

有不少人小時候有過被霸凌的經驗，而我比較不同，我小時候從沒被霸凌，反倒是長大之後被「霸凌」——如果要把排擠跟遇小人也算做霸凌的一種的話，相信很多人也都曾遇到類似的經驗。

被霸凌當然並不代表你有錯，反倒是有些被霸凌的人，正是因為有正義感、有獨立思考能力，以至於不會人云亦云，也不喜歡加入「小學雞」的盲目群體膜拜而遭到排擠。

或許換一個角度去想，每個人都希望能跟團體沾上個邊，然而群眾往往是最盲目的，一旦加入了他們，你就很難有獨立思考跟判斷的空間，於是一群人欺凌那些跟他們想法不同的單獨個體，也就顯得見怪不怪了。

如果我們處在一個格格不入的環境中，又大部分人都喜歡「靠勢」、倚隨資源豐富的一邊靠攏，有群體的撐腰下，就算不正常的都被視為正常，不對的都變成了對的，你會想跟這樣的群體為伍，還是堅持做自己？

可想而知，在一種「群體效應」下，堅持做自己的人是辛苦的，甚至會遭到誤解跟攻擊，想要堅持下去其實非常困難。但這就是你、獨一無二的你，要你拋棄這些，去成為一群烏合之眾，相信也違反你內心的意願。於是我們可以這麼說好了，有些特別有自己見解的人，在一個不合的群體中尤其要承受更多的壓力。一路走來可能不會很開心，甚至對自己產生懷疑，與其勉強自己擠身那樣的團體，還不如外面的空氣比較新鮮。

不要因為自己跟多數人的不同而感到難過，那只是你遇到不對的環境、不對的人們，並不代表你真的就那麼不堪。或許只是你還沒找到對的群體罷了！把自己困在一個不適合你的世界中，那倒大可不必。

我還記得年輕時的自己特別敏感，套句現在的話說，就是屬於那種「高敏感族群」，但那時資訊沒這麼發達，你也不可能知道是為什麼，只覺得這樣過度敏感的情緒時常替自己帶來困擾。我還記得那時流行談「EQ」的書籍跟話題，以那樣的標準而言，像我這樣的人物可是完全的被撻伐到極點。

但我沒想到會有這麼一天，當我開始提起行囊行走天涯時，卻發現別人眼中我的弱點在另外一個世界卻成為了優點。沿途中發現許許多多跟我一樣的人們，我們可以很輕易用眼神跟表情溝通，不需要太多的言語。那些人們用著尊崇跟欽佩的眼神望著你，彷彿在說道：「喔，你竟然也懂……」於是你發現跟你一樣的族群，在那樣的環境下感到無比自在，也絲毫無須掩飾。

所以終究來說，不是你該受到排擠，而是你把自己的世界做小了！

如果你能勇敢走出舒適圈，擴大你的生活跟人脈，你將會有不同的感受，得到不同的待遇。所以千萬不要因為不受到諒解而妄自菲薄，而是讓自己接觸更廣大的世界，更不同的環境，終會有一個能接納你的世界，讓你在那個環境真正的做回自己，並受到歡迎。

6.承認別人的優秀，是成年人最大的格局

以前我不允許自己出錯，但現在出了錯，我懂得放過自己了。

——金鐘獎最佳女主角 賈靜雯

一個人最難的就是虛心向自己的競爭對手低頭，接受對方的成功、承認自己的失敗。真正能做到這點，其實並不是輸家，而是證明了自己已超越自我，擁有完美的氣度了。

不可否認的，我們生存在一個高度競爭的社會，打從懂事以來，我們就面對許許多多的競爭，跟你的同學在課業上拼高下、在運動場上爭峰、甚至

才藝、演講等等場合，我們都期許自己是那個「第一」，沒人會甘為第二。這種競爭心通常來講是很正向的，正是鼓勵我們追求更好的決心跟毅力。

但在我們逐漸成長之後，會發現我們要挑戰的不再這麼單一，無論是從最頂尖的學校畢業，或拿過各類獎盃的各種運動才藝選手，我們終將面對比自己更強大的對手，也得面對各種形式的失敗。

在《三國演義》中，周瑜被譽為「江左風流美丈夫」，一直以來都展現出傑出的才華和能力。可他卻終究抵不住諸葛亮的深謀遠慮。

周瑜的心胸狹窄，自負才華出眾，忌妒他人的能力，無法容納諸葛亮的存在，便想方設法將諸葛亮置於絕境。然而，他的計謀都被諸葛亮識破並化解，結果反而中了諸葛亮的計謀。

諸葛亮曾經用計奪取了南郡，接著讓東吳「賠了夫人又折兵」，最後，在周瑜試圖佔領荊州時，他的智謀再次被諸葛亮洞悉，導致周瑜的攻擊失敗。周瑜因此氣急吐血，加上舊傷復發，最終不治身亡。在臨終之際，他仍不解地呼天嘆道：「既生瑜，何生亮。」

王家衛在《一代宗師》裡說：「但凡一個人見不得人好，見不得人高明，必沒有容人之心。」

有些時候，那些成就超出我們的能力，不免令人感到挫敗。所謂「人外有人，天外有天」，面對各方的競爭高手，我們不可能再處處得勝，隨時都要有面臨挑戰失敗的考驗。

當我們不再可以處處爭得頭籌，這時面臨挫敗時的情緒調整就變得相當重要了！

在日本流行這麼一句詞，稱讚自己的敵人為：「可敬的對手。」這是一種高度。有些人即使跟我們勢均力敵，但就是會贏你幾分，當我們面對挑戰失敗時，就必須要有承認失敗的勇氣。

往正面去想：你能遇到這麼優秀的對手，不也是一種榮耀嗎？一個可以讓你輕易打敗的敵人，勝過他也不表示你厲害，只是對手太弱。講白一點，那只是耗費你的精神時間而已，你並不能從中得到什麼成就感，不過是一時的得意而已。但一個強勁的對手卻可以激發出你的潛能，讓你從對方身上學習到平常不容易接觸到的寶貴經驗，這是一個難得的體驗，一個寶貴的課程。

如果我們能把「失敗」往另一個角度去思考，唯有強者才會讓我們更強，容易獲取的成功反而並不能讓你進步多少——這是在追求成功時必經的過程，你就會了解到，與其跟實力相當或是更勝於你的人競賽，那才是過癮，才能讓你超越自我。

如果我們能在追求成功的路途上明白這一點，你就不會被那幾次的失敗所擊潰，更能坦然接納失敗的考驗。了解挫折不過是前往目標的一個過程而已，你需要累積這樣的經驗，並從更厲害的人身上學習如何強化自己。

對於完美主義的人來說，更需要放下身段，去體會自己也有不完善的一面，如果不是那些強者，只會讓自己迷失在光環中，無法進一步突破自己。

學會去接納那些挫折跟不完美的人生，才會讓我們更加進步，雖然無法永遠領先，但當你懂得去欣賞比你更厲害的人時，其實你已經有很大的進步跟成長了。而其中所得到的寶貴經驗是無法用金錢可以買來的，更加值得我們珍惜。

7.少管閒事

你的不快樂，是花了太多時間在乎，不在乎你的人和事。

——暢銷作家 Peter Su

如果你覺得自己的時間好像老是不夠用，事情老是做不完的感覺，這時不妨靜心下來回想，是不是自己花費太多時間在那些細瑣的事情上，讓一些無關痛癢的訊息占用了你大量的時間？

如果你認真計量，可能會感到驚訝，那些上網滑手機的時間恐怕已經占據你清醒時的大半時光，如果以現在時薪一百七十六來換算的話，你每天已經失去了多少相對的酬勞？而那些寶貴時光全都用來奉送給網紅們收費的流量，對你而言卻只不過是不斷揮霍寶貴的光陰。

想想你上網的目的，很多時候我們閱讀的都是那些八卦新聞，藝人誰又跟誰好、誰又結婚、離婚了，這些往往吸引最多眼球的地方，經過新聞媒體的轟炸，連我教過的小學生都拿來當話題了，可見網路可怕的一面。

相信現在還會聚集在巷口樹下東家長西家短的人不多，因為人際關係的疏離，我們更常在網路上跟陌生人打嘴砲，卻也延續跟那些三姑六婆沒什麼差別的話題。

太喜歡去八卦別人，除了浪費時間、降低智商外，也可能造成生活工作上的阻礙，這在職場上例子比比皆是。

「ㄟ，聽說主管跟XX有特殊關係，我假日還看到他們一起去用餐耶……」

「聽說某某某以前在公司時曾留下不良紀錄，偷過別人的東西……」

很多茶水間的小道消息不知怎麼來的，反正好像背後說人小話特別能引起人注意似的，總能引起一群人興致勃勃的參與。如果你也不慎參了一腳，小心到時候成了他人利用的工具而不自知。

畢竟我們不知道那些流言從何而來，也不知散播者的目的為何，就這麼沒頭沒腦的投入，是相當不智的行為。甚至莫名其妙成為別人利用的工具，無形對自己的前途造成損傷，是相當不划算的，這僅僅就因為耳根子軟，不知不覺的管起別人的閒事來。

怕被孤立、希望能加入小團體擁有靠山，相信這是大多數人在職場中的心態，但是找靠山也得看對象，如果能憑實力得到他人的認可，會比那些旁門左道還來得堅固吧！當你表現得好，上司就會成為你最好的靠山，又何必依附在那些愛七嘴八舌的團體當中，白白消耗自己的精神？

當然這裡所謂的「少管閒事」指的不是「只管門前雪，不管他人瓦上霜」這回事，而是該幫忙的還是要幫，只是別去管到他人的私事。畢竟你不是當事人，不知事情的來龍去脈，太愛去八卦別人，最後只會落得一身腥，裡外不是人。

對於有些人的愛碎嘴，你也無庸花精神去駁斥，就當作聽不見、左耳進右耳出就行了！畢竟你管不到他人的嘴巴，但至少可以做到不要成為流言的散播者，這點就難得可貴了。

如果你認真去觀察會發現，很多成功者不會隨便去加入評論，他們只專注在重要的問題上，這就跟所有的成就一樣，你投注的精神時間有多少，回報就有多少。如果往這方面去想，你就會更珍惜你的時間，不會再隨「雞群起舞」揮霍你寶貴的時光了。

即使在休閒時光，其實你也有更棒的娛樂，像是發展一樣興趣、學好一種外國語言，這都會為生活加分，無論如何都比你管他人的閒事，浪費時間之外還惹人厭來得好百倍。

8.專心做好你的事

跑步跟人生很相近，試著專注眼前的小目標，最後就能到達。當你開始相信自己的身體有無限可能的時候，你就會相信自己的生命也有無限的可能。

——知性女星 張鈞甯

很多時候我們之所以無法有所成就，不一定是因為能力不足，而是在於專心的程度。端看許多在某些行業有所成的人，他們不一定是最聰明的、也不一定有多高明的手腕或技巧，只是因為他們在立定志向後能堅持到底，而且專心一致在自己所做的事情上。這無論是學業、感情或工作等各種生活層面，都有助於更上一層，做一個絕對的贏家。

而太多人常常會搞不清楚自己的人生方向，一下想東、一下想西，好像有無數的選擇，最後卻什麼也抓不到，落得一場空。

譬如你認為理想很重要，但看到別人買車、買房、已經有家庭小孩了，立刻又心生羨慕，覺得要跟對方看齊才對，於是改變了自己追求的目標，以至於離理想越來越遠。等看到身邊某些人擁有瀟灑愜意的生活方式，又想跟對方一樣，拋棄了穩定的工作當起SOHO族、或開個工作室，後來卻發現自己的個性又不適合「自立更生」等等……永遠在改變自己的目標，也只會浪費時間，最後發現自己一事無成。

這很像是某些廣告中的三合一保養品或清潔用品，當你看到可以一次性結合多種用途的產品，是不是會心動手癢，覺得真有那麼多效合一的商品就不用再麻煩，從此高枕無憂……但事實上呢？

相信有用過那種清潔兼潤絲的洗髮精的人，一定有過的經驗就是，怎麼洗髮好像怎樣都洗不乾淨，老覺得一股黏膩感。當你開始使用多效合一的保養品時，也會發現事實上無法符合你個別所需，不是太過油膩就是過於乾燥，跟你所想的完全不一樣。

的確是這樣子的，永遠不會有那種一瓶搞定你所有肌膚困擾的保養品或清潔用品，因為每個人的膚質，或是需要清潔的方式都不一樣，所謂「雙效合一」不過是符合了這項，卻失去了另一項適性。這就跟我們所選擇的生活跟工作一樣，理想跟現實之間永遠存在很大的差距，你必得向一方妥協，才能真正達到你真正想要的理想生活。

永遠沒有人能給你一個定論，到底是屈就於現實或是追求理想好，這都是因人而異。

有些人覺得從事自己非常有興趣的工作，就算是啃饅頭、住陋屋也甘之如飴；有些人覺得一生只求衣食無缺、有穩定工作就好；有些人則覺得非要大富大貴不成，金錢是首要追求的目標（相信這種是華人社會的普遍現象），於是根據每個人的需求不同，所要訂定的人生目標也不同。

只要找出那個最適合你的目標之後，就別再去羨慕別人，專心一致在你設定的目標前進，別為任何藉口而中斷。只要不斷持續的前進，必然會走出一條屬於你的路來。

或許那可能不是最棒的、也不是在一般人眼中不得了的成就，但這當中的價值是由你來決定而不是別人。這是你的人生而不是在替別人過生活，這樣你才能從中找到生命的價值跟樂趣，那個最能滿足你的部分，也不會有所遺憾。

9. 萬能博士

一個人不能活得太容易，但也別把自己逼得太狠，你要有界線。

——萬特特／《你並非一無所有》

以前有一個描述IT人工智慧機器人的電影，裡頭有一段關於想尋找母親的人工智慧機器人小孩前往詢問電腦「萬事通博士」，希望找到可以幫助人實現所有願望的「藍仙子」。

「萬事通博士」給了他許多答案，但那都是百科全書上的資料，現實中卻沒真正的「藍仙子」，當然這個機器人小孩即使找到了「藍仙子」，也不過是一個空洞的雕塑，最終還是只能失望而返。那雖然這是一部跟高科技有關的電影，但訴說的卻是真實人性，帶著無限感傷的調調。

在現實世界中當然沒有「藍仙子」這樣的人物，它只是存在幻想的童話故事中。可現實中卻是有很多的「博士」，他們不一定是真的具有頭銜，但卻飽讀詩書，猶如一本豐富的字典，幾乎人們能想到的各種問題，上至天文、下至地理都難不倒他。相信誰都很希望有這麼一位朋友，可以讓自己所有的困惑都能得到解答。

然而這樣的「萬事通」、「萬能博士」就真的能幫我們解決所有生活上的疑難雜症嗎？恐怕最後就跟電影演的一樣，要讓相信的人失望了。雖然「萬事通」的確了解的知識很多，但實際應用在生活上卻又是另一回事了。

於是我們想像中的「萬能」，事實上只是指某方面知識上的淵博罷了，但生活比起那些天文地理學問更要複雜許多，說不定連「萬能博士」自己都搞不定了。所以說穿了，所謂的「萬能博士」其實只是在某一個領域裡的佼佼者，一旦跨出那個領域，他可能比一般人還要平凡，甚至可能生活上連替自己挑雙合適的鞋子都有困難。

或許我們要問：那我們所追求的「完美」是否就跟童話故事中的仙子一樣，不過是一種幻想，是被編造出來的呢？有誰又真正能完成所有願望，或完成別人的期待，還是那不過是一種「神話」而已？

所以我們要認清的是，沒有真正的「萬事通」或「萬能」的人，那些被「造神」運動塑造出來的政治人物更是一種假象，甚至還更粗糙拙劣。

因此我們只能形容一個人「有本事」，但再有本事的人還是離「萬能」一段遙遠的距離。當我們看清了沒有真正的萬事通先生或小姐，那麼又怎能要求自己成為一個「完美無瑕」的人，那就像童話仙子一樣，所追求的不過是遙不可及的美夢，甚至這種夢想還會壓垮你的人生。

我們之所以跟機器人不同，就是因為我們有靈性、有分辨現實虛幻的能力，這來自於我們的成長過程，那些天真的夢想只存在兒時的記憶，漸漸的，我們自然而然能分辨真偽，這些都來自人生的經驗。

所以別把自己逼得太緊，想成為一個「萬事通」、「全人」，有時我們需要放鬆一點、給自己一點空間。不用事事講求完美但求盡力而為，這也算是一種「極致」的表現了。

10. 當個好好先生就完美嗎？

以前的我，習慣當個好好小姐，想要讓人覺得我好相處、所以做什麼都很隨興。躲在這個好好小姐的身分底下，我會感到安全、舒服，但這也是一種懶惰。但是從現在開始，我想要真實地表達自己的意見，在喜歡的事情上有所堅持……

——金曲歌后　徐佳瑩

有時候我們真的會遇到一種人，他們總是面帶微笑、展現最佳親和力，做起事來戰戰兢兢、總是想討好每一個人……你似乎感覺不到對方的脾氣，也說不上對方喜歡什麼、不喜歡什麼，他們總是不會清楚表達自己內心真正的感覺，而以大眾的意見為意見……

「小倩，你今天穿這黃色好好看喔！」

就算同事的穿著讓人感到刺眼，這位「好好小姐」還是很會說好話，讓當事者心花怒放，卻讓旁觀者摸不著頭緒。

「小米，你中午要叫什麼便當？」

如果同事問起，這位「完美小姐」的回答多半是：「你們大家吃什麼我就吃什麼。」

「這麼好配合喔？」

當你心裡這麼想時，相信其他同事也變得有些為難，不知該「幫她點些什麼」，因為似乎不管你問他（她）任何意見，得到的回覆永遠是：「可以呀！」、「我沒意見。」

完美（先生或小姐）總是表現得比其他人熱心，不管手邊有多少工作，永遠有空幫忙別人處理瑣事。他們總是很在乎別人的需要，卻很少能打聽出對方的「想法」。說好聽配合度很高，但有時卻像「牆頭草」一樣令人捉摸不定，而對方不會隨便表達自己的看法，也不懂得如何拒絕他人。

熱心過頭的「好好先生」最後很容易淪為「工具人」，特別是面對心儀對象時，不管對方對他有沒有意思，他就是一頭熱，做牛做馬也甘之如飴。

這樣的「好好先生」如果遇到比較能為人著想的人，尚有一口喘息的空間，要是真遇到居心不良、或是自私自利者……那真的就是累死自己也得不到個「謝」字，搞不好被利用殆盡後對方立刻翻臉走人，讓自己平白受盡委屈……這是何苦來哉？

有時我們不禁好奇，難道這樣的人都沒有自己的脾氣跟喜好？總是以別人的要求為第一優先，這樣的生活不累嗎？但對於這類型的人來講，他的人生似乎就是寄託在「別人喜不喜歡自己」上頭，以別人的喜惡來為自己打分數，希望能討好所有的人，而不希望被任何人討厭。你可以把這也稱之為「追求完美」的一種人格特徵。

這種太在意別人的喜惡而犧牲自己真實的需求，說穿了與自我折磨沒什麼兩樣。以為只要犧牲自己去討好別人，就能夠贏得對方的尊重跟喜愛，這種念頭也太天真了吧！

如果能明白這世界本來就沒有一定的標準，有人喜歡你、一定也會有人討厭你，要活在別人的評價下，那就是自找苦吃，甚至還無法贏得一絲的感激。別人還當這是你應做的，做人需要這麼辛苦嗎？

如果你也具有這樣的性格，那就要當心！別讓自己的付出成為別人眼中的「理所當然」，否則不僅無法贏得尊重，也會很難過上你想要的生活。

懂得適時的拒絕並不會因此而得罪他人，讓你背上被討厭的標籤，反而會讓別人明白你的底線在哪裡，你也是一個有原則的人。再則會喜歡你的人就是會喜歡，勉強自己去討好那些原本就不把你當一回事的人，不但不會改變他們的看法，還會讓對方更看輕你。

而要活出自我，偶而當個被討厭的人其實也是一種必要手段。畢竟本來人就不可能討好每個人，也無法要求每個人都喜愛自己，唯有珍惜那些珍惜你的人，就已經接近美好的人際關係了！

11. 別委屈了自己

有人說女人不可能同時有腦又有美貌。但我真正想傳遞的訊息是，妳可以塗上紅唇、燙大捲髮、穿上能帶給妳力量的裙子，而妳不需要為此犧牲任何事。

——《超級名模生死鬥》泰拉班克斯（Tyra Banks）

有一種追求完美就是過於在乎在別人眼中的「形象」。希望贏得在眾人眼中都是最棒的、得到的都是讚美，以致給自己帶來過多的壓力，甚至強迫自己去做違背心意的行為。

太在意旁人的眼光也是一種追求完美的後遺症，很容易在周遭人的「期待」下沒了自己，等於在替別人過他們「理想中的人生」，而不是屬於自己的「理想」。

把「別人怎麼看我的」放在人生最首要目的，往往讓人走不出自我限制的框框。這表現出來的不只在職場上，包括對友誼跟感情、包括課業上也是一樣。

有些人為了符合爸媽心目中的標準，不斷「壓榨」、把自己掏空，為的就是當個「好兒子」、「好女兒」以及老師心目中的「模範學生」。在這種壓力之下不斷要求自己，卻迷失了自我，甚至變得對自己完全不了解，也不知道自己到底喜歡什麼、不喜歡什麼。因為他們所有人生的標準都是因旁人而訂，不是出自於個人的選擇。

這種觀念所導致的危險性就是，一旦遇到生活遇到一點點挫折，立刻整個人生就崩潰瓦解，甚至做出旁人所不能理解的行為。這在一些新聞事件中，都時有所聞。那些父母師長眼中的「乖孩子」，怎麼忽然成了社會中的「問題人物」了呢?而他們所不知的是，他們眼中的這個孩子，其實一直以來承受了龐大壓力，所謂的「印象」，只是他們刻意塑造出來討好身邊的親友師長而已。而周圍的人並不會了解他們心中所承受的巨大壓力，因為始終努力做好「別人想要的那個形象」，而迷失了自我。

在婚姻或感情中我們也常常會看到類似的例子，為了維持住完美的婚姻或感情形象，有些人不斷壓抑自己去接受對方，最後造成對方的予取予求，更別提基本的尊重了！只因為想讓別人以為自己是「好情人」、「好先生」或「好太太」，而不斷在一個不幸的婚姻中委曲求全，反而造成另一半得寸進尺，讓自己活得更水深火熱。

這最常見在一些長輩的婚姻中，為了維繫表面的婚姻完整，吞下多少不為人知的苦。但很可惜的，這種「舊時代」的悲劇，還是不斷在現今社會中上演，甚至連高知識分子或上流社會都不例外。為了偽裝出幸福的模樣，讓自己背上「犧牲者」的角色。甚至一旦露出點不幸的蛛絲馬跡，也試圖要「粉飾太平」，為對方「圓謊」，也為自己的痛苦找一個不這麼痛苦的理由。

所以當我們看到一再忍受另一半外遇或是暴力相向，卻還死抱著婚姻不離開的例子比比皆是。對這些更在意「外界眼光」的人來說，更難以忍受的應該是形象的瓦解，遠過於真實生活所受到的折磨吧！

而這樣的生活跟選擇真的是他們想要的嗎？永遠不會有人知道，只有他們心知肚明。也因為如此，一旦生活中出現破口，發現自己「撐」不住那個「完美的形象」比什麼都來得痛苦。

這就是另一種追求完美的類型，與其說是「追求完美」，還不如說是「習慣性的被虐狂」來得恰當。

因此，過於在乎別人眼中的「完美」也是生活中的一種致命傷，旁人的眼光永遠不及你真實的感受來得重要，因為我們不是為別人而活，而是活出真正的自我價值，這才是屬於你的人生。或許會被批判、或許在別人眼中充滿缺失，但那是真正的你，而不是完美包裝下的虛殼。

每段旋律其實就像存在我們生命中的一段過程，它療癒我們心靈的傷痕，也讓你轉換另一種心情。如果我們將生活也視為音樂中動人的一部分的話，你會怎麼去譜寫下一頁動人的篇章呢？

千萬別忽略了，我們隨時都能在生活中譜出美麗的篇章，最美的旋律就在我們的心裡。當你懂得欣賞美好的事物，自然能改變整個的人生。

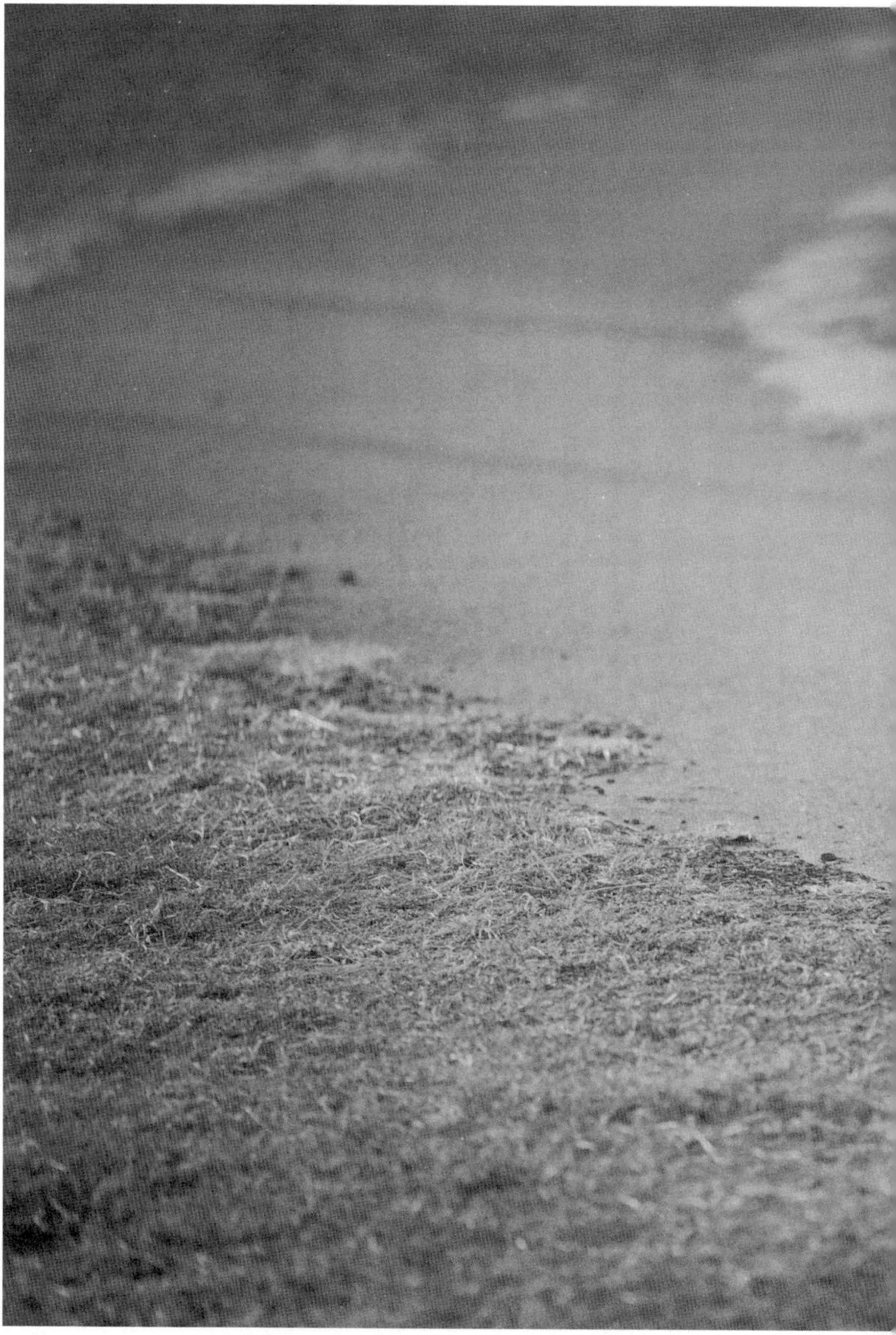

叫醒自己，放過自己

CHAPTER 05

找出生命中的意義

一個人只要有夢想，生命就有了依託；一個人只有不懈地追逐著夢想，活著才覺得意義深遠，趣味無窮，也才能將生命的潛能發揮到極致。

1. 記得曾經的美好

「算了」不是寬恕別人，而是對自己的溫柔。

——萬特特／《你並非一無所有》

我們都知道，要去寬恕一個人很難，特別是對方在你身上曾造成難以抹滅的傷害時。但換另一個角度，或許這是一種放過他人、也饒過自己的方式，別讓那些傷害繼續蠶食你的人生。不可否認的：「凡走過必留下痕跡」，對於過去種種總是有些印象深刻的，不時會浮現在我們的腦海，但重點是，我們經常回想起的，是那些美好、還是創傷？

那些美好的記憶總是會令我們興奮雀躍不已，甚至能讓當時處於低潮的自己，重新認清自己，有再度站起來的動力。那些美好的過往提醒著我們，曾經是怎樣的一個人，曾擁有的風光，進而檢視現在的自己，是否偏離了人生軌道，要如何才能重新踏上往日的幸福時光。

相反的，那些傷心的記憶總是讓人不快，很容易讓人情緒陷入低潮，如果正好也處於生命低潮的人，便容易更加的惆悵失志。

當然每個人都希望自己過得美好、幸福，但生活未必總是一帆風順，我們常會一不小心踩了個空，把生活摔入谷底。

當人處於不幸時，最容易產生各種負面思維，甚至把現在的不如意都怪罪到往事上：

「要不是因為XXX事件的發生，我現在也不會這樣！」

「這一切都要怪XXX，因此毀了我的人生……」

如果我們因為過去發生的不如意而來折磨現在的自己，那就是自己的不是了。或許我們真的因為某個人或某個事件的發生，而導致現在的低潮，但過去的已然過去，一直陷入那些痛苦的回憶，只是讓不幸延長而已。

無論曾經歷經什麼樣的痛苦，那些都已成過去，現在需要的是讓自己振作起來，並不是一直困在那種情境當中。最好的方法就是能跳過那一段不如意，多去想想曾經幸福快樂的片段，可以讓你重新認識自己、肯定自己，不會隨便被挫折打敗。

因為既然你曾經為自己製造幸福的片段，這些日子也是可以重來的，只要你認真過生活。

想恢復幸福的人生，就要不時提醒自己曾經有多棒，才能真正找回那個光明正向的自己，而不是讓痛苦的記憶繼續毀了你的未來。

雖然過往是我們無法抹滅的痕跡，但我們也可以選擇性記憶。當你回憶的都是美好的事物，你就能再找回快樂，同樣的，硬是要記起那些痛苦，除了再次重蹈深淵外，對生活一點幫助也沒有。經常為生命灌注活水，你所見、所想的也會朝向光明幸福的遠景邁進。

因此多想想那些美好跟快樂的事，不但有益身心健康，還能激發我們的鬥志，替未來創造更多美好的回憶，這才是一種正向思考，也能讓我們更積極樂觀的面對未來，重新拿回該屬於我們的幸福之日。

2. 搭錯車

敗北的貪念轉為憤怒，就會拉緊弓弦準備攻擊。從弓弦射出的弓箭，毫不留情射中的目標，永遠，都是自己。

——韓劇《財閥家的小兒子》

有陣子很流行自助旅行，我也順勢趕搭上這股風潮，在一次偶然的機緣下開啟了我的個人旅行。眾所皆知的，一旦你身在異地，可能有各式各樣的狀況是無法預測的，有人享受著這樣的旅程，有人卻視為「驚險」，但無論如何，面對突發狀況正好是訓練我們面對事情反應與機智的最佳時機。

當然我也不例外，再怎樣美好的旅程、再好的機運，也難免有危險發生……有一次就在我經常去的城鎮，已經覺得很熟悉的地方了，卻還是意外碰到一群「土匪」。

事源於我在一個炎熱的正午，一般人都不太願意出門的時刻，我臨時起意，想到靠海的旅館拜訪朋友，卻在路上誤上「賊車」。就是明明你知道當地的小巴是什麼顏色的，但為了貪圖方便不想等太久，當一輛不同顏色的小巴停在面前熱情招呼時，也忍不住失去了理智……

幸好那次因為自己機智的反應而逃脫了，這大概也因為他們拙劣的偷竊技巧讓我識破，但如果不是呢？若他們沒有因為我的吶喊而放人呢？我真不敢想像接下來的後果。

這個例子不覺得也反映了我們生活經常會發生的狀況嗎？你明明知道走A這條路是對的，但卻不知不覺選擇了B，於是接下來面臨不可知的危機。事後想想，為什麼我們會讓自己陷入這樣的危險當中，這不就是因為我們會因為一些誘惑、或是想便宜行事所導致的。

因此在生活中，不管我們得意或失意，都不要輕忽任何可能導致危險的決定，這多半來自我們對於生活的鬆懈，一些漫不經心，卻可能造成不可收拾的後果。

面對生命中的意外

許多的意外其實都是可以事先防堵的，如果我們能往前多看幾步，就能在做出可能危害生活的決定前止步。這不是光買個保險，或者認為對事情、環境有多熟悉就可以完全放鬆自己的警覺性。光看那些詐騙案例，其實很多都是來自身邊最親密的人，或者「偽裝」成為你最親密的友人。

正因為我們最感到放鬆的環境其實才是最危險的，如果是自己不慎犯下了錯誤，不會有人幫你，最後結果還是得自己扛，如果你能體會到這一點，就會更步步小心，不至於犯下難堪的錯誤。

輕忽、大意、貪念是我們心中最大的魔障，就像躲在路旁的魔鬼一樣，隨時都可能毀了我們現有的一切，所以在做出選擇之前，又怎能不再三考量、謹慎行事呢？

不管再聰明的人都可能因為一時的決策錯誤，而失敗得一塌糊塗，但一個平凡的人卻能因為避開危險，而讓自己生活得到轉機，因此，戒除那些心魔很重要，在我們人生中正扮演著關鍵性的角色。

不要以為人生還很長，可以任我們揮霍，失敗了可以重來，但這中間已經虛耗了我們大量的精神時間，更何況，如果無法恢復以前的日子呢？在我們做出任何決定前，是不是更應該小心，先去衡量後果再決定下一步，就能避開失敗的命運，也就比別人多了一份成功的機會。最後的勝利者通常都屬於那些懂得步步為營的人，而不是屬於那些看起來聰明過頭的人。

3. 窮是一種罪嗎？

如果不跳脫出你從小到大養成的框架，你永遠不會知道這個世界有多大。

——好萊塢女星 安潔莉娜・裘莉（Angelina Jolie）

這陣子我被大樓附近的噪音搞得十分痛苦，不免會想起那些富人都喜好住在安靜的高樓豪宅。當人有足夠的經濟條件時，誰不想住在一個寧靜安詳的區域？最好周圍還有庭院環繞，可以讓你種種花、種種草，一早還能聽到蟲鳴鳥叫聲……但相對的，你可以去想像所謂的「貧民窟」，通常不是污穢陰暗，就是永遠有各式各樣的噪音折磨，可能是小孩的尖叫哭聲、大人的吵鬧聲等等。

於是我經常會想到一個問題：為什麼有錢人愛安靜、窮人就非得愛吵鬧不可？富有真的跟生活水平劃上等號嗎？

雖然談了一堆關於性靈品德上的問題，想來說一下現實面好了！畢竟人都得面對現實，而物質往往是最不可抗拒，影響我們生命是否完整的重要部分。

我們在生活中終究免除不了面對貧富，這是相當實際的，當你看人家一萬塊大餐刷下去、當別人點牛肉麵你只能吃陽春麵時，那種被貧窮逼迫的壓力感，總是會給人帶來生活的無力跟挫折。

但是，難道當貧窮時就一無是處？非得跟社會底層的人們看齊，進而放逐自己嗎？現代年輕人流行的「躺平族」，也似乎就是訴說著在底層生活的無奈。

當然如果你選擇自我放逐的話，那就真會陷入一種無限的循環，找不到出路跟方向。其實你也有別的選擇，甚至可以因為這小小的轉變成為你改變的力量，進而掙脫生命中的定數。

當經濟陷入窘境時，最難的是還可以保持原本的心態，當你仍然堅持原則跟理想，選擇不「同流合污」，你還是可以是那個喜歡閱讀跟藝術的人，因為那不需要花費你多少金錢，反倒是因為懂得靜思，會讓你知道自己應該追求的是什麼？你想更進步、能過得起你所羨慕的那種生活，這些都不會因為外在的困頓而激勵到你嗎？

你可以把低潮當成「短暫性的過渡」而不是「永久居留」，不要因為外在環境的變化而影響到你，也不要因為害怕孤立而結交層次不對的朋友。當我們還知道要掙扎時，表示你依然有求好的決心，別讓那些小小的火光熄滅，而是要越搧越烈、直到你走出低潮為止。

當一個人認為自己是什麼，你就可能變成你想要的樣子，別在乎別人說些什麼，也別去管別人看你的眼光，因為當你陷入一個低潮時，環繞在你身邊的不會是你喜歡的人事物，而真正的你只能從內心去尋求、從行動力去爭回那個屬於你的世界。

所謂「接納」這個時候的你，並不代表「妥協」，而是「認清」，唯有認清你現在所處的情勢，才有可能替自己規劃出一條更美好的道路來。而不是像個鴕鳥般把頭埋在沙堆裡，就以為可以看不見、聽不著。

不管是回顧過去或是從羨慕他人的生活著眼，你心中自有一個完美的藍圖，那就是你亟待恢復或追求的。現在不過是休息一下下而已，你並不需要因為順應環境而變成你所討厭的樣子，這才是真正的你、才有可能贏回你所想要的日子，這就跟吸引力法則是同樣的道理。

4. 珍惜的概念

人生沒有標準答案，珍惜當下永遠是最優解。

——Netflix《人生大事》

所有我們心裡產生的嫉妒、羨慕的情緒，其實很多都跟不滿足有關，當看到別人有的總是覺得更好，當發現別人也注意到的東西也覺得非擁有不可……卻渾然不知自己擁有的已經夠好夠多了。

總是羨慕著他人、老覺得自己缺了那麼一塊，而感到忿忿不平。又或是自己一直期盼能得到卻得不到的，卻有人「看似」輕易取得，心理上總是會觸發許多的不滿，甚至怪罪起身邊的人、找一堆理由來埋怨，這就是一種無法內求卻想藉由外界來滿足的心態。

或許你可以說這是一種普遍的心理，就像是喜歡購物的人一樣，經常出門一趟大包小包的辛苦把「戰利品」提回家，事後卻發現衣櫃一角躺著跟新買來一模一樣的衣服。這不會只是一次，而是經常重複發生。

相信有不少人都有類似的經驗。這其中的關連性，也正好說明了我們總是覺得外頭的東西好，而忘了珍惜自己已擁有的。所以我們不斷追求再追求，像是永遠也填不滿心中的那個「缺憾」，到頭來卻發現，其實真正的幸福寶物就在你身邊。

當我們不懂得去珍惜時，對自己的幸福視而不見，那麼無論擁有什麼都難以感覺到那份幸福快樂。總是認為別人家的好，那麼永遠也難以填補內心的那份空洞，你以為是在追求更好的東西或生活，其實卻永遠都很難真正感到滿意。

這也正是許多人的盲點所在，我們總認為自己要追求更好的、最完美的人生，看到別人的生活總是忍不住羨慕著：「為什麼他有我沒有。」於是我們花費了許多精力去獲取，也想跟對方一樣。但等到你真的得到「夢寐以求」的願望之後呢？很可能才發現，那也不過是如此而已，又開始產生抱怨，而希望能得到更多。

像是很多人會覺得結婚、生子、建立家業是人生必經之路，就算現在這麼進步的社會了，還是很多人把這當成人生重要的門檻。很多人因為開始聽到同學朋友們誰又結婚了、誰又生了小孩而倍感壓力，於是糊裡糊塗也找個人結了婚，卻發現跟想像中的生活完全不一樣。

於是在婚姻中的人羨慕單身的自由，而單身的人羨慕著已婚者有個屬於自己的家庭，覺得這才是「完整」。這就是一種不滿足的現象，就是永遠對自己的生活感到不滿意，羨慕著別人卻沒看到別人背後的辛酸。

無論是感情甚至事業也都會有類似的問題，當你羨慕人家當老闆好像很自由，凡事可以由自己掌控，卻忽略了當老闆有資金周轉的壓力、業績的壓力，以及種種人事上要應付的重擔，不像光領人薪水只要打卡按時上下班那麼單純。

當你真正了解到，每件事情都不像表面上那麼風光，我們只是看到其中一面卻不是全面，等真正接觸後，可能所有美麗的想像也隨之破滅。

期待能擁有像別人一樣的生活或物質，其實都是很淺薄的假象，因為如果無法實際融入我們的生活，最後依然很難過得跟別人一樣。如果我們能時時回頭去檢視自己，珍惜所擁有的，你才能真正感到知足，也不會讓欲望無止盡的蔓延，讓心中的空虛像是填不滿的怪獸一般難以應付。懂得珍惜的人將更能感到生命的完整，也不再對生活感到遺憾。

5.懂得給予是一種優點嗎？

幸福，是要付出努力和代價的，世上根本沒有所謂的人生勝利組，背後的拼搏，不想說，只是想留給大家一個希望。

——大S徐熙媛

許多人相信「付出是一種美德」，我也很認同這句話，但人生的路走得越長，你會發現並不是所有狀況都是這樣的。有些人會利用人性中的良善、無節制的「得寸進尺」，那麼此刻你的良善反而成為一種缺點了。

許多狀況我們可能第一次碰到，也別太怪罪自己，因為你還有調整自己的空間，所謂「知己知彼、百戰百勝」，懂得在錯誤中學習才是撫平傷口最好的良方。重點是別因此而遺棄身上的那些優點，而是想辦法保有，為自己做好完善的保護。

如果你不希望到頭來發現自己像個傻瓜，付出所有卻反而被狠很刺傷，那最好在一開始就保護好自己，看清楚狀況再決定付出多少。當然不是所有付出都是值得的，但至少能把傷害減到最低，至少你的付出不至對你的生活造成重大災害，那才是你所要學習的。

最近我在整理東西時發現，有些對自己充滿紀念性的物品，就是因為自己一時的心軟而給了出去。那麼那些收受者現在呢？答案是：連個人影都不知在哪了！

記得一次，我把一個很有紀念價值的水晶給送了出去，那是去逛一家水晶店非常客氣的老闆娘送的。當時的自己還不算有錢，甚至買不起值錢的東西，老闆娘看我晃了很久、跟我聊了聊，最後送我一個非常漂亮的水晶飾品，那對我是充滿著懷念也十分珍惜的禮物。

我以為對我這麼值得紀念的物品交到一個親密的人手中，對方會懂得珍惜。但卻無意間發現，那條水晶項鍊掛在他某位親戚的脖子上。當下真教我感到既震驚又失望，也開始對這段感情有了質疑。當然最後我們沒走下去，而我珍藏的物件也因為我的大意，永遠要不回來了……

這件事對我產生了很大的。也許你認為值得給出去的東西，對方未必會珍惜，不過是抱著「不勞而獲」的心態，枉費你一番心思。所以，那些對你生命有重大意義的東西千萬不要隨便給出去，無論價值多少，那都是屬於你生命的一部份，那種價值跟意義不是用物質可以衡量的。只有你深刻明白，無法去要求別人跟你有一樣的理解。別讓我們的情緒被沖昏頭，否則結局可能會讓你大失所望。

當然我們可以付出不要求回報，但要在你的能力範圍以內，千外別因為心軟而毀了你的生活。

不要天真的以為，我們可以要求別人對自己有同理心，但至少可以提醒自己：「任何事物別太快給出去」，包括了感情。任何在情緒作弄下的決定都會讓你後悔不已，這也是那些善於操控玩弄他人的惡棍，最常利用的手法。

要知道有些東西失去了很難再回來，而有些人的離開對你未必是壞事，反倒要感謝老天爺幫了你這個大忙。

不要因為難以割捨而壞了你的生活，幸福需要掌握，同樣的也需要保護，有太多的惡棍躲在暗處覬覦人們的幸福，想不勞而獲去奪取。如果我們太疏忽大意，可能讓原本好不容易得到的幸福人生毀於一旦。

或許你覺得沒這麼嚴重，但相信我，有些人會一點一滴吸乾你的資源，這一點不可不慎防。就算沒有嚴重到毀了你的人生，但讓你失去一些寶貴的東西，日後也會令你懊悔不已。

要知道有些東西一旦失去，要再拿回就難上加難，特別是那些對你具有珍貴價值的東西，千萬別輕易給出去，即使對方如何哭窮也萬萬不可，因為你怎麼知道對方背後不是隱藏著詐術呢？我的切身之痛就是把過世親人給我的物件，以為對方會珍惜如珍惜自己的心意一般給了出去，後來被賤價賣掉。

每每想到這，心中都會一陣刺痛，無論過了多久。這是我親身受到的教訓，如果你能看到這一篇，至少已經學會了別人的經驗，接下來應該就知道要如何保護自己了。

6. 傻人不計較

我只是不想愛到沒有自己，愛得深的時候就會開始比較，誰愛得多誰愛得少，當你開始計較這些的時候，就已經輸了！

——《華燈初上》

最近大樓的管理員讓我很有感觸，其中有一位很有經驗、也很聰明，剛搬進來時我曾跟對方不對盤，但慢慢的，兩人相處越來越好，每次回家時樓下有一張熱情招呼的臉孔，總是讓人心情愉悅。另一位管理員則是稍嫌笨拙，常常給你出一些錯，自己有時難免會因此情緒失控，但事情過了對方很快就忘了，過陣子依然笑臉相迎……總之，和他們之間還算相安無事。

於是事情發生在原本熱絡的那位聰明管理員卻突然變得冷淡起來，對方沒有說明原因、當然自己也被搞得一團霧水，只是突然之間面對一張冷冰冰的臉，一開始心理難免難以釋懷，像是心頭哽著些什麼，總是覺得很不好受，甚至感到有點生氣。

直到剛好發生一件事情，我情緒化的講了他兩句之後，從此後那張臉更臭了！一副與你形同陌路的感覺。因為每次總是會進進出出看到那副表情，說實在心情不受影響是不可能的。相較之下而另一位「傻傻先生」依然對人笑臉相迎，從來不會因為你偶而情緒化的言詞有所影響……我們之間始終保持著良好關係。

於是這讓我想到，有時人緣好並非因為聰明，而是一顆不計較的心。

有些人正因為聰明，反而會計較一些小事，甚至會想很多，像是聽到別人在背地裡批評某個人，便開始懷疑對方是不是這樣的人？或因為對方一個無心的舉止，讓你覺得對方是針對你等等……因為一點點小摩擦，過度放大去判斷，而忘了對方是否曾熱心幫助過自己，也掩蓋了別人其他善良的優點等等。

但傻呼呼的人不會想太多，即使你從來沒幫過對方什麼，或是你偶而態度不好，但他過了就忘，不會把一些小事放心上，反而贏得好人緣。

我們往往容易忽略，要建立一段良好的關係並不容易，要破壞卻相當簡單。當你用不好的態度對人家時，或者是因為心理有疙瘩、也許是聽了旁人的「小話」，但等你真正搞清楚真相，想再以良善的態度對待別人時，其實關係早就破滅了，別人是不會體諒的。

正因為自以為聰明，我們往往會有自己的一套邏輯，以為這就是上天下地無所不通的真理，但很多時候我們只是被某種形勢給限制住，活在自我的小小象牙塔中。反倒是那些凡事不會想得太多，一般人覺得傻呼呼的人，他們往往才是最能適應情勢，不會受到情緒或旁人的影響，繼續做自己的人。

或許有時候你會嫌對方笨，那是因為你沒看出對方的優點，而聰明有時反而會讓人陷入困境，很容易畫地自限，以為夠聰明靈巧，可以面對任何問題，卻是常受到蒙蔽，淪為一種自我為中心的形象。

有時想法單純並不是不好，也許在某方面吃了虧，但卻能贏得更多，至少這樣的人看起來「無害」、「沒有攻擊性」，就已大大的為他的人緣加分。

7. 昨是今非

沒有人的青春是在紅地毯上走過，如果你為人生畫出一條很淺的吃苦底線，就請不要妄圖跨越深邃的幸福極限。

——《你這一生要努力的，就是活成自己喜歡的樣子》

想成為更好的自己最重要的就是切記：別一成不變！

現在的社會上瀰漫著許多對立，最嚴重就是年齡上的歧見，這原因很多是來自相互的不諒解，年輕一代接受到新資訊的洗禮，難以理解自古存在的一些現象，總覺得是年紀大的人不知變通，卻忽略了自己也有變老的一天，也可能用過去的思維來看當前的狀況，但一些個老人會成為年輕人撻伐的對象，確實也是忘了檢討自己，某部分來說，已經成了一種僵化的思想，總以為過去自己認定的才是對的，現在也是一樣，卻忘了時代在改變，人也會變。過去我們認為的「有理」，可能會因為環境的變化而失去了正當性。

就拿以前高壓的教育環境來說好了，現在的教育偏向學生能多提出學習上的意見，而不是一味的只接受老師所說的。當然學識是不變的，但教育的方法卻已改變，如果作為師長還一味用高高在上的方式來強迫學生接受，恐怕引起的波瀾就不可言喻。

這還包括很多的社會層面，伴隨著資訊爆炸、社會型態的轉變，許多過去那一套成功的理論恐怕都要被改寫。不懂得與時俱進，當然最後只能被社會淘汰，而給人一種「落伍」的感覺。

這說得簡單，做起來卻不這麼容易，一時間要人把習慣了的事情馬上做出改變是很困難的。我們總是對舊事物會有一定的依賴，這就像一種安全氣囊，以為抱緊就沒事，也像是孩童懷裡的布偶娃娃，給我們一定的精神安慰。但人畢竟要「長大」的，不是嗎？

不管處於什麼樣的年齡階段，我們還是得繼續前進，有些觀念需要改變，有些做法也應跟著時代的進步而有所調整，才能跟社會接上軌道，不至淪於固執不通的樣子。

不只社會會改變、其實人也是。經過歲月的洗禮、不同的經歷之下，每個人都會變，只是不同在變好或變壞。這最常出現在老友相聚的時候，彼此距離一長段時間未曾見面，你可能抱持著當初的印象，卻發現再面對這個人時，他已顛覆你所有的想法……

那些個過去萬人追捧的校花，可能已經蒼老疲憊失去往日光彩，那些昔日嬌羞的可人兒，可能已經變成城府極深、處處愛爭風吃醋的大媽……所以有陣子很流行的同學會最後結果可能都令人失望，再也找不回昔日光景，喚不回曾經的友誼。但這會很奇怪嗎？答案當然：一點也不！

因為時空的轉變人會改變，若你還以為所有人都會停留在某一階段，那種年少單純無憂的樣子，那就未免太天真了！

這放在感情關係也是一樣，無論是舊友或是情人、夫妻、甚至親友手足也是。當一個人變了就是變了，唯一不肯承認的是你。總以為過去那個愛你的人，曾經怎樣討你歡心、關懷你，儘管你試圖找回過去的那個「他」，但很抱歉的是：不能接受改變的是你，而不是對方。

當我們還是孩子時，親友不分親疏的熱情相待，但長大後你已進入成人的世界，被以成就、財富來衡量，你難以接受，但這就是現實！學會接受時代會改變、人也會變的事實，人才能往前看，知道自己該放下什麼、該接受些什麼。老是停留在過去只會對自己造成傷害，而之於他人呢？則一點損傷也沒有。

8. 包容心

這世界最大的問題就是無法忍受。大家似乎都無法忍受別人。

——黛安娜王妃

我們常會拿一些經驗跟根深蒂固的觀念來對待他人，特別是面對來自不同背景的人，不過最常見的，還是跟自己不一樣性格的人們。

人們對於那些特異獨行的人總是懷著偏狹的目光，認為對方遊走在社會標準的邊緣，但可能對方並不這麼認為，還覺得那樣的方式讓自己活得很自在。如果你不能被感染到那種快樂，而戴著有色的眼鏡觀望，那應該是自己的問題而不是對方。

當別人犯了一點錯讓我們大發雷霆時，是不是可以反省一下，自己是否太小題大作了？你的情緒能讓事情變得更好或更壞？我們都希望把事情往好的地方推進，如果結果一樣，為什麼我們不能接受不同的作為呢？

當我們看到社會的衝突越來越激烈，大家似乎都把矛頭指向別人，卻很少檢討自己時，這社會很難達到祥和，而我們身處其中也不會得到任何的幸福感。因此，要能好好跟他人相處，能相互包容相當的重要，這也是我們應該時時提醒自己的。

不要去強迫別人接受你的觀點，多去想想別人背後的動機是什麼，如果那個動機是好的，只是做法上讓你很感冒，那就是我們的心態問題，調整一下就好了，無須在小細節上太跟人過不去。

正因為每個人都有每個人的個性，這源自於不同的成長環境，有著不同經歷過程，這將逐漸形成一個人的特性。或許你覺得該怎麼去做，對方不一定認同，而對方的行為也惹你看不順眼，但你不是他、對方也不是你，每個人都有每個人的行為模式，只要能彼此尊重、接納差異點，就別強迫別人一定要照你的規矩行事。

而有些人會對人對事以一種高標準來衡量，卻忘了對自我的要求，有時比你去要求別人還來得管用。為什麼會這麼說呢？因為當你對自己的要求很高時，也時時警惕著自身的行為，在別人看來自然引起一份尊重，就算你不說，人家很自然也會模仿起你的行為，希望不讓你失望，這就是由本身做起所帶動的影響力，千萬別輕忽了這股力量。

畢竟管人不容易，但管好自己卻比較簡單，因為那才是你所能控制的。當你把自己提升到一個高度，你就更有能力去協助他人，而不是去「管教」他人，這是完全不同的「要求」方式。以體諒寬容的態度去待人，自然而然回報你的也會成為你所期待的樣子。

如果我們滿心挑剔，引來的只是更緊張的關係，甚至導致強烈反彈。就像古人說的「順水行舟」的道理一樣。當你懂得如何安撫別人，這就是一種寬容，允許別人在你面前犯錯，因為沒有人是完美的，而你正站在一個修補的角色，也讓彼此的關係或事情上有個最美好的結局。

9.同理心

當你快樂的時候，你就能原諒許多事。

——黛安娜王妃

懂得接納別人的不同也是同理心的一種。也許你會問：「為什麼我要去接納寬容別人？」但許許多多人與人的關係，就是連結在這一點上。如果你無法以同理心去看待別人，別人也無法去諒解你的行為，於是衝突也會越來越多，很多的結都無法打開，人與人的關係也會變得愈形緊張。

端看這社會上越來越多的紛爭，感覺整體環境氛圍越來越亂，不就是出在於缺乏同理心這一塊嗎？

當生活上我們常常遇到一些令人生氣的事，第一個反應就是跳腳、大聲指責對方的不是，這時溝通成了一種敵對式的謾罵，只會在火上澆油，對事情一點幫助也沒有，還反而更糟。

這就像許多的社會新聞事件、戰爭等等，我們總是習慣去分出一個善惡、是非，好瞄準目標極力打擊那個「可惡」的對象。但終究我們會被自己的判斷所誤，總是要等到衝突過後、付出巨大的代價之後，才終於了解到所謂的「真理」，其實不是多數人想的那樣。

尤其當造成的傷害已無法再挽回，這才是令人扼腕。如果我們早一步能解決問題，是不是很多的損失都是不必要的？

這一點運用在生活上也是一樣的，當衝突發生時，每個人都希望對方能站在自己的立場著想，但前提是：你有沒有站在對方的立場想一想？這才是良好的溝通基石，而不是凡事都以自己為出發，非得爭到贏不可。若不懂得把握這個原則，最後只會落得兩敗俱傷的下場。

最厲害的溝通技巧是能站在對方的立場著想。雖然這看起來很難，尤其在衝突發生的當下，因此保持冷靜很重要。戰場上永遠是冷靜的一方取得最後的勝利。如果你要把人生也視為是一場「戰爭」也行，至少你會更嚴肅得去看待許許多多與自己意見不合的人，並且能用理智來化解，而不是只是一時的意氣之爭。

一味認為：如果我替對方著想、他會替我著想嗎？如果先入為主就有這樣的心態，你就很難化解彼此間的衝突。因為每個人來自的背景不同，當然觀念想法也會不一樣，我們無法要求別人一定要接受我們的想法，因為自己本身也會有一些過去的經歷而產生的盲點，有人不同意自己的想法是正常的，唯有溝通取得最佳平衡，這才是讓事情本身展開更好前景的基石。

能以同理心來對待他人不是認輸、而是一種高度。

能用同理心看待他人的人才能得到對方的尊敬，才能讓對方能接納你的看法，這就是一種平等的對待。如果你希望對方能聽進你講的話，首要是你也得聽聽別人在說些什麼，不是嗎？

讓自己成為那個解決問題的人，而不是期待對方先來理解你，就像中國人講的：「退一步海闊天空。」當你希望問題得到解決，就必須先學會體諒，才有展開談判的可能。

許許多多的恩怨情仇不就因為一定要爭到底，而忽略了對方的感受跟想法嗎？當我們能用同理心去看待別人時，對方也一定能感受到你的誠意，而有了自省的過程，你想表達的、想傳遞的訊息才能確切讓對方接受。就算你是對的一方，也別一味強迫別人接受你的想法，否則連對的事理也會因而扭曲成壞事。

當我們能了解到，任何事情的發生一定有它背後的因素，也就比較能站在體諒的角度，讓事情朝向更圓滿的方向去進行，而不是彼此互相傷害了。

10.殘缺的美感

生命充滿無常，即使是白雪公主，也需要知道人生並沒有那麼完美。

——蔡依林

相信如果懂得欣賞殘缺美感的人，就懂得欣賞真正的藝術，而把人生當作一件藝術品一樣用心雕琢。

記得曾經有陣子，我在國外做起了飾品小生意，這源自於自己對於美好事物的愛好。那時也是無意間在自己常去的國外小鎮，當短暫在機場附近停留時，發現有人在賣一堆美麗的半寶石。那些價格不貴、大多是當地所產，當我挑了些喜歡的寶石之後，有了想把那些寶石做成裝飾品的念頭。一開始也只是想給自己留作紀念，沒想到越做越多，也開始有人讚美我戴在身上的那些飾品，甚至願意出價跟我購買，於是開始了我的飾品販售之路。

雖然在落後國家要找到幫你個別做飾品的銀匠很容易，但那些銀匠的做工跟粗心大意卻令人感到頭大……

好幾次把我的半寶石敲壞了不說，明明很簡單的設計圖，還可以左右兩邊圖樣顛倒，就像人穿了兩隻同樣的左腳一樣怪異。原以為那些應該歸於「損耗」的瑕疵品就這麼石沉大海、或是自己湊合著用時，沒想到卻成為老外的「搶手貨」。

當我一回戴著飾品出門玩時，一位外國老太太一眼就看到了那個「寶」。

「欸，你這個戒指好特別喔！」

「喔，這個喔！是不小心做壞的啦！」

我不好意思想把手藏起來，沒想到對方竟緊緊抓住我的手說：「等等，就這樣才特別呀！更加證明是手工做的，這個戒指你賣嗎？想賣多少？」

她不知道早在哪打聽到我有在賣小飾品。不過這個反應真的讓我吃驚，還重複問道：「你……確定？」

「當然。」

於是在我隨便出了個價錢後，她毫不猶豫的將它買下，當場就戴了起來，還像寶貝一樣欣賞著，口裡喃喃說道：「這個戒指特別極了，我可能再也找不到這種兩個方向一致的花樣了！」

原來呀……我這才恍然大悟，原來這世界上就是有人欣賞美的角度不一，而不是我們一直以來的的刻板印象，一定要中規中矩、完美無缺的才算是美麗的。

在習慣了高度工業化的社會，那些來自純手工藝的作品，顯露出來的不完美竟然才是最寶貴的。我終於上了寶貴的一課，也了解到生活的多種面貌。

如果把這個觀念運用在生活層面上也是一樣的，你以為的「完美」其實未必是最好的、甚至也可以說是沒有什麼是十全十美，永遠會有更好的超越現在的「完美」，追得再累也趕不上時代的變化。因此倒不如回過頭來，學習欣賞那種「殘缺的美」，因為那也是美的一部份。

因為是人，所以我們都會有缺點，即便天才也有他們所不及之處，因為不完美本來就是人生中的一環，我們必須學會接納，才能往更好的地方去看、去欣賞。

這就像一個長得漂亮的人，你以為他們就得天獨厚享盡光環了嗎？事實上接觸之後，可能會發現他們性格上的缺失，比一般人更難相處。智商高的人有他們所不能被理解的痛苦，看起來傻呼呼的人，卻因為他們少根筋、不太跟人計較，反而意外的贏得好人緣。

我們可以要求自己成長進步，卻不必因為某方面的不如人而太過苛責自己，不如抱持著豁達的心態，善用你的長處去抵銷你的短處，接納自己並不完美，如此一來會活得快樂得多。也因為承認自己的缺陷，同樣也能接納別人不完美的地方，以正向來思考，那也接近了所謂真、善、美的人生了！

11.讓生活多一點彈性

我總是透過愛情，慢慢學會愛。談了幾段不是很成功的戀愛之後，我逐漸發現，那個最適合我的人、那個完美的人，可能並不存在。因為，我也不是一個完美的人。

——曾寶儀／《人生最大的成就，是成為你自己》

我們會發現那些一出身就是含著銀湯匙的富貴人家，他們往往很難體會一般普通人的生活，也很難對人產生同理心，因為他們就像是被包裹在溫室裡的花朵一樣，講好聽是尊貴，講難聽則是「另一種井底之蛙」

如果我們失去一種「同理心」，就很難去理解不同人的想法，以及他們為什麼會有這樣的舉動，進而包容或原諒他人。這也影響著我們如何看待跟對待他人的方式。

別以為這沒什麼重要性，因為當我們怎樣對待他人時，其實別人也會以相對的態度回應。如果我們希望生活在一個更和諧的環境，就不能不去改善自己對他人的態度。

為什麼「包容」跟「原諒」會這麼重要？正因為這世界上本來就沒有完美的人，我們可能會遇到很多奇怪的言行舉止，也會有許多超乎我們想像的突發狀況發生，如果我們都用自己的固定思維去評斷他人，可能產生很多的誤解，也形成生活中許多的衝突。

就想想自己好了，我們也會因為來自的家庭背景跟生活經歷而具有自己一套思維模式，而別人也跟你有著不同的經歷，想把自以為的行為模式強套在別人身上，勢必很容易引發衝突跟誤會了。

許多的誤會就是來自於不諒解、無法以同理心去看待別人，這當中並沒有對錯，差就差在缺乏溝通。企圖以僵化的思考模式套在別人身上，這對任何人都會產生反感的，相對的，如果別人這麼做，自己想必也不好受吧！

如果我們希望生活能更平順、愉快，就是讓自己的想法保持更大的彈性，能接受更多的不同，別老是想拿個尺去度量別人，不如放寬自己的標準。當你要求自己時，別要求別人也能跟你一樣，因為別人不是你，他們也同樣不能理解你的看法，那是你所不能掌控的、也無權去控制他人。

而我們唯一能做到的，就是打開心胸接納更多的不同，了解沒有人是完美的，包括自己也是一樣。如果別人可以容忍你、你又為什麼不能呢？

甚至那些跟我們生活宛如平行線的人，或許在他們身上你也會發現到很多值得學習的地方，只要你願意接納、傾聽。

像有時會讓我印象深刻的人們，並不是跟我在同一行業、甚至學歷也大不相同，而是以前在咖啡店打工的吧台小妹。

當憶起對方的靈巧，可以同時應付多樣工作，總讓我自嘆不如。因為她的能幹，雖然僅僅是個吧台工作人員，卻是老闆信賴委任的「總管」一樣。我想那種能力不是學歷念得多高、有多少背景資源就可以擁有的，而是來自她的生活經驗跟天生的聰慧。

又或是在國外遇到的導遊，別以為落後國家的人就很無知，那個導遊的語言能力會令人咋舌，他只要聽你講過一句外國話便可以精準的記下，並適時重複給你聽、還說得跟自己國家的人們沒什麼差別。

相信不只是我個人遇到的例子，如果你願意用心去體會，就能發現不少人身上有著令人訝異的資質，而這些能力正是我們所最缺乏的。當然我們也不用妄自菲薄，因為每個人本身也會有令人訝異的「特殊能力」，這是無庸質疑的。

多睜大自己的雙眼去觀察、採取開放的心胸去接納，你將會發現許多令你驚奇的事物，許多值得自己去學習的對象。這種豐富的人生體驗將滋潤你的生命，也讓生活更加多彩多姿。

12. 命就是不斷的妥協

不管是人生還是婚姻，懂得妥協很重要。如果對任何事都很固執，堅持原則，那不會有什麼進展。

——《璀璨帝國》

在生活中，我們可能會面臨許多挑戰和困難，這些負面情緒可能會讓我們感到憤怒、委屈和不公平。然而，面對這樣的負面情緒排山倒海而來時，我們應該以何種心態去面對？又應該如何解決這些日常問題呢？

我有一位朋友常常說：「這個世界本來就是不公平的。」起初聽起來可能讓人難以接受，但仔細思考後，這句話似乎是有道理的。首先，從最基本的層面來看，我們的出生就存在著許多的不平等，有些人天生含著銀湯匙出生，生活無憂；有些人得為三餐奔波，甚至還得背負長輩們的債務；有些人出生在富裕的國家，而有些人則出生在貧困的國家……儘管我們無法改變自己出生時的環境，但我們可以改變未來。

在追求幸福的過程中，不可避免地會遭遇到一些挫折和阻礙，但是為了獲得最好的結果，我們可能需要做出一些妥協和讓步。這可能需要我們放下一些自己的想法和堅持，但是最終的結果會更加圓滿。

因此，面對這些負面情緒和問題時，我們應該以積極的態度和心態去應對，不斷學習和成長，為實現自己的夢想和目標而努力。

對於一個尋求公平正義的人來說，社會現象的不公不義常常會讓你感到不滿，想要爭取自己的權益和道理。但有些事情並沒有絕對的道理，這是現實的殘酷。誠實勤奮的人可能會受到欺凌、具有前瞻性的想法可能會被唾棄、好人總是輸給小人、正確的見解可能被曲解……這些都是現實中的不公平，但這並不表示我們應該妥協或放棄自己的信念。

事實上，如果我們堅持自己的信念，就應該堅持到底，但也要學會取得平衡之道，這樣才能走得更穩更遠。有時，我們需要妥協一些看似微不足道的事情，這不代表我們向邪惡低頭，而是要明白妥協不是一種失敗，而是選擇一條更明智的路。在妥協的時候，也要懂得反思自己是否有思維不夠周全的地方，這樣才能更好地糾正自己的缺點，走得更穩更遠。

這個世界並非非黑即白，所以，生活需要灰度，妥協、包容與讓步。在追求和諧的過程中，某些適度的妥協是不可或缺的。特別是在需要與他人合作時，即使我們不滿意，也必須為了共同的目標做出讓步。如果我們固執己見，認為所有事情都應按照自己的標準行事，反而會造成事情的惡化。

因此，不妨將妥協視為是將人們聯繫在一起的東西，妥協是分享和調和；是愛，是善良；是一種很溫暖的特質。

例如，每一頓和好友的聚餐背後，可能都有著數次的日程調整和計畫更改，對於每一個參與者而言，這次見面能帶來的快樂、你們之間的情誼，一定都是比那些被調整的事情更值得珍視的。

這可以從家庭生活中得到例證。即使在相同的環境中成長，擁有相同的血緣或基因，家人之間也可能存在分歧。更何況在外面遇到的陌生人。我們在家庭中也經常爭吵，然後原諒、溝通、做出某些讓步，才能恢復和諧氛圍。社會就像是家庭的放大版本，而且更為複雜，因此無法要求每個人都能體諒你、了解你。有時我們可能無法立即獲得他人的理解，甚至會產生誤解，但這是一個過程，我們應相信時間會揭示一切真相。此時，再努力辯解反而會沒有意義。

所以，不必認為妥協是一種犧牲或吃虧。不如把它看作是一種對關係的日常維護，為那些你所珍視的人給予你擁有的，就能獲得更長久、更強烈的幸福。

古人曾有智慧的箴言：「大丈夫能屈能伸」、「退一步海闊天空」。當我們將妥協視為為了更美好的未來而做出的選擇時，就不會感到委屈。相反地，接受這是人生歷程中不可或缺的一部分，將會讓未來走得更穩，更圓滿。當你能夠向前看得更遠，就別再糾結於必須犧牲的部分，否則你永遠無法獲得完美的結果，甚至會陷入埋怨循環中。

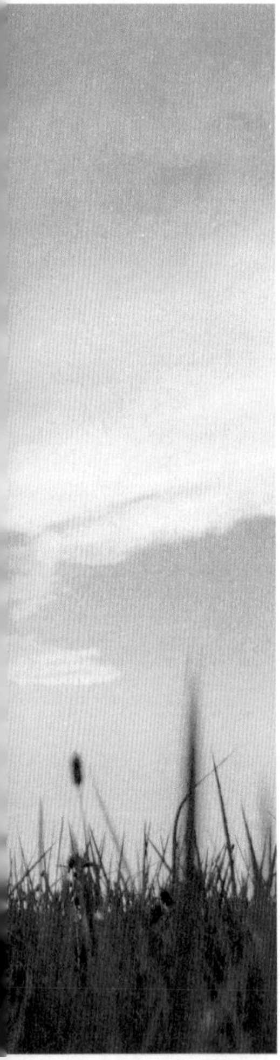

國家圖書館出版品預行編目資料

接受生命中的不完美 / 徐竹著. ——初版——新北市：晶冠出版有限公司，2023.08
面；公分．——（時光薈萃；13）

ISBN 978-626-97254-2-7（平裝）

1.CST: 修身 2.CST: 生活指導

192.1 112010254

時光薈萃 13

接受生命中的不完美

作　　者　徐竹
行政總編　方柏霖
副總編輯　林美玲
校　　對　蔡青容
封面設計　王心怡
内頁圖片　ぱくたそpakutaso
出版發行　晶冠出版有限公司
電　　話　02-7731-5558
傳　　真　02-2245-1479
E-mail　ace.reading@gmail.com
部 落 格　http://acereading.pixnet.net/blog
總 代 理　旭昇圖書有限公司
電　　話　02-2245-1480（代表號）
傳　　真　02-2245-1479
郵政劃撥　12935041 旭昇圖書有限公司
地　　址　新北市中和區中山路二段352號2樓
E-mail　s1686688@ms31.hinet.net
印　　製　福霖印刷有限公司
定　　價　新台幣280元
出版日期　2023年08月 初版一刷
ISBN-13　978-626-97254-2-7

版權所有．翻印必究
本書如有破損或裝訂錯誤，請寄回本公司更換，謝謝。
Printed in Taiwan